广东省
集成电路产业专利
分析与对策

广东省市场监督管理局（知识产权局）
国家知识产权局专利局专利审查协作广东中心 ◎组织编写

知识产权出版社
全国百佳图书出版单位
—北京—

图书在版编目（CIP）数据

广东省集成电路产业专利分析与对策/广东省市场监督管理局（知识产权局），国家知识产权局专利局专利审查协作广东中心组织编写．—北京：知识产权出版社，2022.2

ISBN 978－7－5130－8045－3

Ⅰ.①广… Ⅱ.①广… ②国… Ⅲ.①集成电路产业—专利技术—研究报告—广东 Ⅳ.①F427.66－18

中国版本图书馆 CIP 数据核字（2022）第 013192 号

责任编辑：王祝兰　　**责任校对**：王　岩

封面设计：杨杨工作室·张冀　　**责任印制**：孙婷婷

广东省集成电路产业专利分析与对策

广东省市场监督管理局（知识产权局）
国家知识产权局专利局专利审查协作广东中心　◎组织编写

出版发行：知识产权出版社有限责任公司　　**网　址**：http://www.ipph.cn
社　址：北京市海淀区气象路 50 号院　　**邮　编**：100081
责编电话：010－82000860 转 8555　　**责编邮箱**：wzl_ipph@163.com
发行电话：010－82000860 转 8101/8102　　**发行传真**：010－82000893/82005070/82000270
印　刷：北京九州迅驰传媒文化有限公司　　**经　销**：新华书店、各大网上书店及相关专业书店
开　本：787mm×1092mm　1/16　　**印　张**：9.75
版　次：2022 年 2 月第 1 版　　**印　次**：2022 年 2 月第 1 次印刷
字　数：175 千字　　**定　价**：60.00 元

ISBN 978－7－5130－8045－3

本书编写组

谭　雯　主要执笔第 2 章第 2.2 节、第 4 章，参与执笔第 3 章第 3.2.2 节

崔　磊　主要执笔第 2 章第 2.3.1 节，参与执笔第 4 章

刘石头　主要执笔第 3 章第 3.2.2 节，参与执笔第 2 章第 2.2 节

孙　鹏　主要执笔第 2 章第 2.3.3 节

黄宝莹　主要执笔第 3 章第 3.2.3 节

周忠饶　主要执笔第 1 章、第 3 章第 3.1 节、附表 3

林秀瑶　主要执笔第 2 章第 2.3.2 节，参与执笔附表 2

张楚湖　主要执笔第 2 章第 2.1 节、第 2.4 节，附表 1

李　宝　主要执笔第 3 章第 3.2.1 节、附表 2

目 录

1 研究背景

1.1 研究目的和意义

党的十九大报告中明确提出："创新是引领发展的第一动力，是建设现代化经济体系的战略支撑。要瞄准世界科技前沿，强化基础研究，实现前瞻性基础研究、引领性原创成果重大突破。加强应用基础研究，拓展实施国家重大科技项目，突出关键共性技术、前沿引领技术、现代工程技术、颠覆性技术创新，为建设科技强国、质量强国、航天强国、网络强国、交通强国、数字中国、智慧社会提供有力支撑。"实施创新驱动发展战略，对我国形成国际竞争新优势、增强发展的长期动力具有战略意义。《中共中央关于制定国民经济和社会发展第十四个五年规划和二〇三五年远景目标的建议》中对高新产业创新驱动发展提出了总体思路和目标要求，要求全面塑造发展新优势。而集成电路（integrated circuit，IC）产业是高新技术的核心产业，是现代通信、电子、工业控制、航空航天、智能装备、军事技术等领域的基本元素和重要组成部分，其具有深刻的国际性，是国际化竞争最激烈、全球范围内资源流动和配置最为彻底的产业之一。广东省政府也相继出台了一系列支持政策，支持集成电路的发展与创新。加快构建以集成电路为核心的现代信息技术产业体系显得尤为重要。

本书旨在通过对集成电路技术中先进集成电路技术领域的国内外专利申请状况进行分析研究，探明该领域的技术发展趋势和发展状况，帮助企业或行业把握技术发展趋势；对国内外的专利分布状况进行比较，帮助广东省企业或行业规避可能存在的国外企业的技术威胁，协助企业或行业占领国外企业的技术盲区，并为建立具有自主知识产权的技术体系提供专利布局方面的支持，同时为行业内技术的顺利实施提供强有力的专利策略等方面的政策性建议，为广东省企业开发具有自主知识产权的先进集成电路封装技术提供帮助和支持。

1.2 研究范围和方法

1.2.1 研究范围

集成电路的产业链主要包括三个环节，分别是设计、制造和封装。集成电路设计产业发展能为整个集成电路产业的增长注入新的动力和活力，有利于带动中下游的其他产业，因此发展集成电路设计业具有十分重要的经济和战略意义。集成电路制造技术是实现由设计到产品的核心技术，制造环节是整个产业链能够运转的重要支撑。封装是集成电路产业链中的重要工序，封装质量的好坏直接决定集成电路的性能是否优良甚至成功与否。本书将研究对象确定为集成电路设计、制造、封装三大技术领域。

通过在全球、中国以及广东省三个层面分别对集成电路产业三大技术领域进行分析，剖析集成电路产业工艺技术的现状和未来趋势、国外重要申请人及其重点技术方向，获得国外在该领域的技术发展重要信息，并与对相关研发和产业情况进行对比研究，以期发现广东省在各领域存在的差距，为广东省实现具有自主知识产权的集成电路产业关键技术、促进产业发展特别是为相关技术创新发展提供策略和建议。

1.2.2 研究方法

采用统计分析法和对比分析法等定量分析和定性分析相结合的研究方法，从宏观的专利布局和态势到微观的国内外重点专利授权前景和保护范围均进行详细分析。课题的研究过程主要包括资料收集、项目分解、数据采集与加工、专利分析。

（1）资料收集

在前期准备阶段，利用国家知识产权局的各种数据库和互联网初步检索集成电路的相关信息，为项目分解奠定初步的基础。另外，为了准确分析研究对象、把握产业的最新技术动向，积极开展企业调研和专家座谈活动。通过与企业技术专家和科研院所的专家交流，了解该领域的行业技术分类方法、相关技术现状和发展趋势、产业发展动态，明确研究的重点，为正确进行项目分解提供产业角度的支持依据。

（2）项目分解

通过前期调研、技术研究和专利数据检索等多方面的反复论证与修改，综合考虑专利检索的可行性、行业的分类习惯以及学科上的分类方法，最后确定集成电路产业专利技术的研究具体包括集成电路设计、集成电路制造和集成电路封装三个技术领域；根据专家建议、工作量与效率、技术发展现状，对每个技术分支的技术主题都进行进一步的细分，具体参见附录各技术分解表。

（3）数据采集与加工

根据现有检索资源、数据库特点并综合考虑研究分析的可行性，本课题确定对于中国专利文献在 CPRS 数据库中进行检索，对于外文数据库则以 DWPI 数据库为基础，以各国全文数据库、专家反馈等作为补充进行检索。

数据采集阶段包括制定检索策略并完善、进行专利检索、同专家讨论。其中专利检索经过多次不同角度反复校验，在专利数据尽可能查全查准的基础上力求减少噪声专利，再进行数据清理和数据标引，以确保检索数据的完整性和准确性。

本书中所使用的术语说明如下：

全球专利申请：国内申请人（含港澳台地区申请人，下同）和国外申请人在全球范围内提交的专利申请（同族专利合并记为 1 项）；

中国专利申请：国内申请人和国外申请人在中国国家知识产权局提交的专利申请；

国内专利申请：国内申请人在中国国家知识产权局提交的专利申请；

国外来华专利申请：国外申请人在中国国家知识产权局提交的专利申请；

广东专利申请：广东申请人在中国国家知识产权局提交的专利申请。

本书中所出现的申请人名称已对同一申请人以不同形式名称（包括译名、简称不统一等情形）提出的专利申请作了归一化处理。

（4）专利分析

对采集和处理的专利数据综合运用数理统计、时间序列等专利分析方法，绘制各种相关图表，同时采用多种分析方法进行归纳、推理、抽象、概括，解读专利情报，挖掘专利信息所反映的本质问题。

专利分析主要包括：对重点技术的产业状况进行研究，重点梳理出该技术在全球、中国以及广东省范围内的产业发展历程和现状，并说明产业的技术发展趋势；对于重点技术领域在全球、中国以及广东省范围内进行专利检索并筛选代表核心技术的专利，绘制相应的专利技术发展脉络图，并与产业状况进行比较分析；结合产业发展趋势和专利技术发展脉络图，研究热点技术的发展状况并对热点技术领域的重点专利进行分析；对于重要技术的专利主导性进行分析。最后，综合以上结果，初步预测国内外技术发展趋势并给出有针对性的建议；根据专利分析成果，为广东省内企事业单位提供指导意见，提出措施与建议，以期为经济技术发展作出贡献。

2 现状分析

2.1 基本情况：定量分析与定性研究

2.1.1 全球发展状况

（1）产业结构的发展

集成电路产品从小规模集成电路逐渐发展到现在的超大规模集成电路，整个集成电路产品的发展经历了由传统的板上系统到片上系统的过程。在这一历史过程中，全球集成电路产业为适应技术的发展和市场的需求，其产业结构经历了三次变革：第一次变革是以加工制造为主导的集成电路产业发展的初级阶段；第二次变革体现为以加工制造为主的代工型企业与专注芯片设计的集成电路设计企业的分离发展；第三次变革则出现“四业分离”的集成电路产业，即形成了设计业、制造业、封装业、测试业独立运营的局面。

近年来，在全球半导体产业结构的快速调整中，集成电路设计业与晶圆代工业呈现异军突起之势。美、日、欧占据整个集成电路产业链的上游，掌握着设计、生产、装备等核心技术；尤其是美国作为集成电路产品设计和创新的发源地，全球排名前20位的集成电路设计公司大都在美国。

（2）技术形态的发展

全球集成电路技术的发展呈现以下趋势：一是“延续摩尔定律”（More Moore），芯片特征尺寸沿着不断缩小的方向继续发展；二是“超越摩尔定律”（More than Moore），开发新的半导体材料，运用电子电路技术和电路设计等的概念，在物理结构和器件设计方面产生新的突破；三是为满足小型化而产生系统集成技术，不断扩展应用半导体技术，带动光伏产业、半导体显示等产业的迅猛发展，产生了“泛半导体技术”的概念。

（3）商业格局的发展

全球半导体产业已逐渐步入成熟期。在这一大背景下，半导体企业间的整合重组日益频繁。随着半导体客户端产品逐渐进入成熟期，手机、PC 的大市场在收缩，新的市场还没有形成，竞争进入白热化阶段，越来越多的企业通过资本并购的方式扩大企业规模，保持企业竞争力。

未来几年，全球集成电路产业将进入重大调整变革期，随着投资规模迅速攀升，市场份额加速向优势企业集中，不少领域将形成企业垄断局面。此外，企业通过构建合作联盟、兼并重组、专利布局等方式强化核心环节控制力，市场进入壁垒进一步提高。全球集成电路产业依然“大者恒大”，产业技术革新难度加大，速度开始变缓，技术竞争愈发激烈。在投资强度及市场竞争的压力下，全球集成电路产业尤其是制造业呈现出从发达国家和地区向发展中国家和地区转移的趋势。

2.1.2 中国发展状况

中国虽然是全球最大的集成电路消费市场，但中国集成电路产业的发展相对弱小，而且在细分市场多样化的领域面临激烈竞争。目前，中国半导体企业整体分布为约有 20% 是芯片设计公司，30% 从事晶圆代工服务，其余将近 50% 的企业参与封装和测试环节。

（1）集成电路设计业

随着半导体晶圆代工厂标准工艺生产线的日益成熟，近年来，一种无晶圆生产线的集成电路设计公司（Fabless）纷纷建立起来并得到迅速发展。中国 Fabless IC 设计业近几年来突飞猛进，其市场竞争能力和企业效益都得到了很大提高和改善。目前，我国拥有大大小小 500 家国内品牌的芯片设计企业，其产品应用范围涉及无线通信、多媒体应用、模拟器件、功率器件、导航设备、智能卡、消费电子类等十大市场，但绝大多数规模依然较小。

（2）集成电路制造业

在全球晶圆代工厂排名中，中国台湾地区的台积电（TSMC）稳坐第一位。根据 2016 年统计数据，其市场占有率高达 44%，且营收规模几乎是第二名格罗方德（GlobalFoundries）的4倍。三星主要受益于为苹果代工应用处理器，排名第三位。中芯国际（SMIC）排名第五位，但营收规模只有台积电的1/10。华宏则排名第六名，营收规模只有台积电的1/20，差距更大。短期内无人能撼动台积电在晶圆代工领域的领头羊地位。中国大陆地区晶圆代工业的发展起源于2000年中芯国际的成立，通过学习和借鉴台湾地区晶圆厂的发展模式和经验，大陆地区积极投资和建设晶圆代工厂，除了中芯国际，还有先后成立的宏力、华虹NEC、和舰科技等，中国大陆地区也一跃成为仅次于台湾地区的全球第二大晶圆代工生产基地，同时也带动了大陆地区半导体产业的整体发展。

（3）集成电路封装业

半导体封装最先进的技术现在都被全球封装领域中领先企业所掌控。中国内资企业规模仍偏小，虽具备一定创新能力，但技术能力仍不强。随着最新的3D封装技术逐步形成商用量产，这将对中国及全球现有封装行业格局造成很大的冲击。第一，相比集成电路制造业和集成电路设计业，传统的封装行业的技术门槛较低，参与企业较多且市场价格比较透明，竞争极为激烈；但随着2.5D及3D堆叠、硅片穿孔等高级封装技术的引入，这种市场格局将被打破，封装行业的技术门槛大幅提高。第二，3D封装技术可能导致封装行业与芯片制造行业发生融合。第三，封装企业必将两极分化发展，龙头企业继续扩大生产规模、占据行业大部分利润份额，而中小企业竞争则更加激烈，技术落后或产能不足的企业将很快被淘汰。

2.1.3 广东省发展状况

（1）集成电路设计业

广东省是集成电路设计产业大省，近几年在广东省政府的大力支持下，广东省集成电路设计产业迅猛发展，在国内集成电路产业中所占比重也逐年上升，已成为国内重要的集成电路设计产业基地。目前，广东省集成电路设计企业的数量已经超过100家。广东省已建有三个集成电路基地，分别是国家集成电路设计深圳产业化基地（以下简称“深圳集成电路基地”）、珠海南方集成电路设计服务中心和广州国家现代服务业集成电路设计产业化基地。三个集成电路基地已聚集华为、中兴、汇顶科技、润芯科技、珠海全志科技以及炬芯科技等众多的集成电路设计企业。广州形成了以集成电路设计为龙头的发展模式，推动了集成电路相关产业发展。同时广州还拥有中山大学、华南理工大学等十余所著名高校，聚集了集成电路设计和应用相关专业的大量人才，为广东集成电路设计产业提供重要的智力支持。依托庞大市场的集成电路设计与应用基地，深圳已发展成为国内最大的电子制造业基地。珠海则形成了芯片设计、制造、封装测试、系统应用的集成电路设计产业链。

在全球芯片设计产业蓬勃发展的情况下，在省政府对集成电路设计的大力支持下，广东省根据省内技术发展特点，逐渐形成了集成电路设计产业产学研紧密结合的局面，为省内集成电路设计产业的进一步发展奠定了坚实的基础。

在产业方面，广东省内的代表性企业包括海思半导体有限公司（以下简称“海思公司”）、深圳市中兴微电子技术有限公司（以下简称“中兴微电子”）、珠海全志科技股份有限公司（以下简称“珠海全志”）、炬芯科技股份有限公司（以下简称“炬芯科技”）等。

其中，海思公司成立于2004年10月，前身是创建于1991年的华为集成电路设计中心。海思公司总部位于深圳，在国内外设有多家设计分部。多年的技术积累使海思公司掌握了国际一流的集成电路设计与验证技术，拥有先进的EDA设计平台、开发流程和规范，已经成功开发出100多款自主知识产权的芯片，共申请专利500多项。海思公司还与美国、日本、欧洲及国内的业界同行建立了良好的战略伙伴关系，拥有成熟稳固的晶圆加工、封装及测试合作渠道。2006年正式成立海思封装工程设计部团队，是海思芯片的封装设计、信号完整性/电源完整性设计的部门，为公司芯片产品提供从芯片IO—封装—系统的完整、可靠、具有竞争力的全流程信号完整性/电源完整性和封装解决方案。该部门在低成本封装、超大封装等领域积累扎实，部分领域已领先业界。

在科研方面，广东的高校不断加入到集成电路的教学和研究中。广东省早在2002年就成立了广州集成电路设计中心。该中心拥有完备的集成电路设计软硬件平台、高水平的设计技术培训平台、高效率的技术服务平台，是广东高级集成电路设计人才的聚集地，也是目前华南地区唯一的国家级集成电路人才培养基地。此外，广东省还依托高校设立集成电路设计研发中心，如中山大学2007年经教育部和科技部批准成立了“国家集成电路人才培养基地”，整合中山大学集成电路技术领域内相关学科的科研技术力量和人才资源优势，形成支撑开展微电子领域人才培养的条件，提高了华南地区集成电路人才培养水平。

深圳是中国集成电路产品的集散中心、应用中心和设计中心，集成电路设计产业规模和技术水平处于国内领先地位。在国家和深圳市政府相关产业促进政策的引导下，深圳市的集成电路设计产业一直保持快速增长，特别是自深圳集成电路基地成立以来，产业规模不断扩大，呈现出良好的发展态势，目前已有集成电路设计企业264家。2020年，深圳市集成电路设计产业销售收入达到1315.1亿元，同比增长16.3%，产值连续9年位居全国之首。深圳集成电路设计业呈现企业数量基本稳定、总体产值持续增加、企业规模分化加剧、亮点企业不断涌现的趋势。伴随着深圳电子产业的升级换代，顺应全球和中国电子产业变化趋势的要求，深圳集成电路设计的产品线也从早期的通信和消费两大类向更加多元化方向发展，包括LED照明和新能源、智能电表和智能电网、物联网、工业医疗、汽车电子等。从最小特征线宽分布来看，当前深圳市集成电路设计企业主流产品特征线宽持续减小，设计水平持续提升，多家企业最小特征线宽跨入两位数门槛达到100纳米以下，最小特征线宽达到7纳米。深圳集成电路设计企业普遍比较重视科研投入，随着SoC（系统级芯片）设计技术的发展，深圳IC设计企业越来越多地通过IP复用设计自己的SoC芯片，使产品的规模和设计水平大幅度提升。

2003年，珠海经原广东省信息产业厅批准成为广东省集成电路设计与生产基地，经科技部批准成为国家集成电路设计产业化基地园区，主要立足珠海面向周边地区集成电路设计企业提供服务。截至2019年，在珠海市注册的集成电路设计企业共83家，其中上市公司3家，收入过亿元的企业10家。2019年珠海市集成电路产业实现营收72.47亿元，同比增长13.04%，培育了杰里科技、中慧微电子、艾派克微电子、欧比特等一批龙头企业。

可以看出，广东省对于集成电路设计的技术发展非常重视，从政策的引导，到产学研结合的发展，再到研究人才、生产基地的发展和落实，极大地促进了集成电路技术的发展，提高了广东省企业的竞争实力。同时，专利技术的保驾护航促进了广东省企业技术的飞速发展，快速增加了企业竞争的实力。

（2）集成电路制造业

重要的集成电路设计产业基地、国内最大的电子制造业基地以及极具市场活力的集成电路设计产业链区域都为广东省集成电路制造业的发展提供了得天独厚的条件。为了给设计业做好支撑，同时也为了进一步带动封装业的发展，广东省也大力发展集成电路制造产业。

深圳宝龙高新园区是首个省市共建战略性新型产业基地，目前已集聚不少集成电路制造企业，其中深爱半导体股份有限公司拥有5英寸双极功率芯片生产线、5英寸MOS芯片生产线及6英寸MOS芯片生产线，主要产品为双极功率晶体管器件、功率MOSFET器件、LED驱动芯片、电源管理芯片、肖特基及TVS功率晶体管等，产销量在国内已名列前茅，并逐步进入国际市场。深圳方正微电子有限公司拥有两条6英寸线，年产能60万片，2018年成为国内首家成功研发并量产6英寸SiC器件的厂商，其中13个系列产品已进入商业化成熟应用领域，产品性能达到国际先进水平。其工艺平台有Metal Gate、Si－gate、CMOS、全系列高低压VDMOS、1200V Planar IGBT、Schottky、TVS功率器件及HV CMOS、BiCMOS、CDMOS、BCD功率集成电路等，主要应用方向为计算机及外围接口、通信、消费类电子、汽车电子等。

2020年，广州市工业和信息化委员会发布了《广州市加快发展集成电路产业的若干措施》，提出大力引进国内外骨干企业布局建设2～3条12英寸集成电路制造生产线，支持建设第三代半导体生产线，尽快形成产能规模。目前，粤芯半导体技术有限公司已落户广州中新知识城。该公司成立于2017年，目前拥有广东省及粤港澳大湾区唯一进入量产的12英寸芯片生产平台，主要产品为功率分立器件、电源管理芯片、混合信号芯片、图像传感器、射频芯片、微控制单元等，产品应用于消费电子、物联网、汽车电子、人工智能、5G等领域。

相对长三角地区来说，广东省目前的集成电路制造业仍相对薄弱，集成电路制造企业相对少，发展速度跟不上市场需求，产能和高端技术服务仍有待提升。

（3）集成电路封装业

在国内集成电路封装测试领域，地区间的发展非常不平衡，优势力量主要集中在长三角、北京和广东地区。其中长三角和广东地区由于集中了国内众多优势专利权人，在研发和投入上都具备很强的实力，发展较之其他地区占据更大优势。

从国内封装业的发展情况来看，珠三角虽然在封装业中市场份额小于长三角一带，但是由于半导体封装项目相对芯片设计、制造项目具有技术门槛较低、资金投入需求较少、能明显带动就业、更贴近整机应用市场的特点，且封装在半导体产业链中劳动力是最密集的，而广东正是一个劳动力密集大省，这些都给广东省的封装产业的发展提供了良好的条件。广东省还是国内消费型电子、通信产品的最大生产基地，也是国内主要的集成电路器件市场，集成电路市场需求一直占据全国的40%以上。庞大的市场需求也促进了广东省封装产业的进一步发展。

在全球半导体产业整体成长放缓、产业结构调整和产业链产能在区域间重新分配的大趋势下，广东省有可能成为重要的集成电路封装产业核心区。目前，广东省内的集成电路封装产业产学研结合紧密，为省内集成电路封装产业的进一步发展奠定了坚实的基础。

在科研方面，广东省的高校和科研院所加大了对集成电路封装的研究和投入，取得了一定的研究成果。代表性的高校和科研院所包括：以电子封装关键设备、电子封装材料、无铅化封装和无铅焊料为主的华南理工大学；以微制造新工艺与可靠性、封装与组装互连材料性能为主的哈尔滨工业大学深圳研究院；以微电子封装技术、封装工艺技术为主要研究内容的广东工业大学；以SMT工艺及设备研究为重点的深圳职业技术学校。

在产业方面，原先广东省内企业由于投资规模较小，缺少先进封装技术来源，因而大都从事中低端产品。近几年来，这些企业的生产能力和技术水平提升很快，正进入快速发展阶段，涌现出一大批的优秀企业，其中包括跨国性的国际大厂集成部件制造商与本土企业合资的封装厂，如深圳赛意法微电子有限公司。该公司成立于1994年，由深圳赛格高技术投资股份有限公司与意法半导体集团公司合资创办，2019年营业收入达28亿元，日产能为3500万只芯片，共有20多条不同封装形式的自动化生产线。意法半导体集团公司是世界半导体行业排名第四、欧洲排名第一的半导体公司，总部位于瑞士日内瓦。深圳赛意法微电子有限公司一家工厂已承担该集团5个封装测试工厂总产量的56%。

经过多年的发展，广东省内的集成电路产业已具有较大的规模。当然，在产业繁荣发展的背景下，我们还应该看到本土企业与外资企业相比，掌握的核心技术少，技术实力上还存在较大的差距，因此技术创新成为产业升级和可持续发展的重中之重。

2.2 广东省集成电路产业在国内外产业链及创新链的地位

截至2021年6月，检索到全球范围内涉及集成电路领域的专利申请共1 361 968项，其中中国专利申请425 786件。

通过对全球集成电路领域相关专利申请随年代变化趋势的分析，可以初步了解全球集成电路技术的发展过程和趋势。

图2－1反映了集成电路领域在全球范围内的专利申请量及半导体市场销售额的年份分布态势，其中柱状图示出了集成电路领域专利申请量的变化情况。可以看出，1980～2004年，集成电路领域的年申请量总体呈快速上升的趋势，而从1999年开始，申请量迅速增长；在2004年之后申请量趋于稳定，并在2007年达到峰值；由于受到全球经济危机的影响，申请量在2008～2011年有所下降，之后全球申请量基本保持稳定。图中实线表示的是1999～2020年全球半导体市场销售额的变化趋势。可以看出，全球半导体市场销售额在2001年显著下降，2002年开始回升并持续增长，随后于2008～2009年再次出现负增长，2010年开始反弹。半导体市场的变化对专利申请量也产生了巨大的影响。

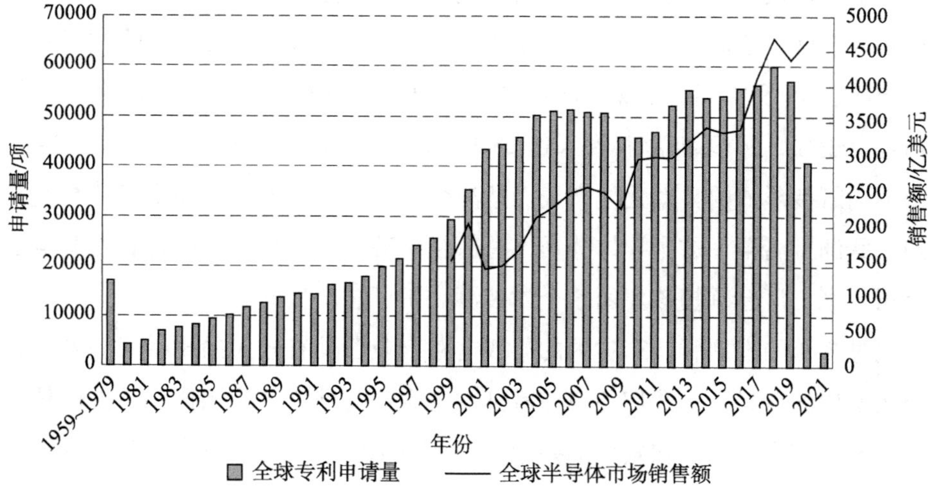

图2－1　集成电路领域全球专利申请量及半导体市场销售额年份分布趋势

图2-2反映的是集成电路领域全球专利申请技术来源国家/地区分布情况。可以看出，在集成电路领域的全球专利申请中，日本籍申请人申请量占比为36%，美国籍申请人申请量占比为28%，中国籍申请人申请量占比为19%，韩国籍申请人申请量占比为10%。可见，绝大多数相关全球专利申请由日本籍、美国籍、中国籍和韩国籍申请人提出，说明该领域技术集中度非常高。其中，日本籍申请人是该领域最主要的申请人，申请量位居全球首位，说明日本在该领域具有明显优势。美国作为集成电路领域的传统大国，美国籍申请人在该领域的全球申请量排名第二；中国虽然在该领域起步较晚，但发展迅速，中国籍申请人全球申请量位居第三；韩国籍申请人在该领域的全球专利申请量排名第四，可见韩国在该领域也具有一定技术实力。

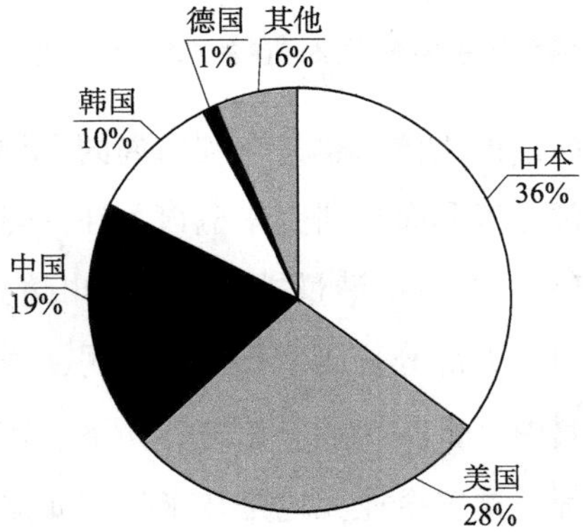

图2-2　集成电路领域全球专利申请技术来源国家/地区分布

图2-3示出了日本、美国、中国和韩国籍申请人在集成电路领域的历年专利申请量变化情况。可以看出，日本在集成电路领域的起步较早，日本籍申请人一直是该领域最主要的申请人，早期申请占比较大，而目前申请量出现下降，说明近期日本在该领域的影响力逐渐下降。美国在集成电路领域的发展也较早，美国籍申请人的申请量在2003年之前基本上是持续增长，之后开始有所下降并趋于稳定，说明其对集成电路产业的投入逐步稳定。韩国在集成电路领域起步晚于日本和美国，但发展迅速，韩国籍申请人的申请量从1995年开始增长并在2007年达到峰值，之后申请量有所下降。中国在集成电路领域发展较晚，从20世纪90年代初至今，专利申请量快速增长，说明中国虽然在该领域的研发较晚，但是近年来研发投入力度较大，增长迅速。

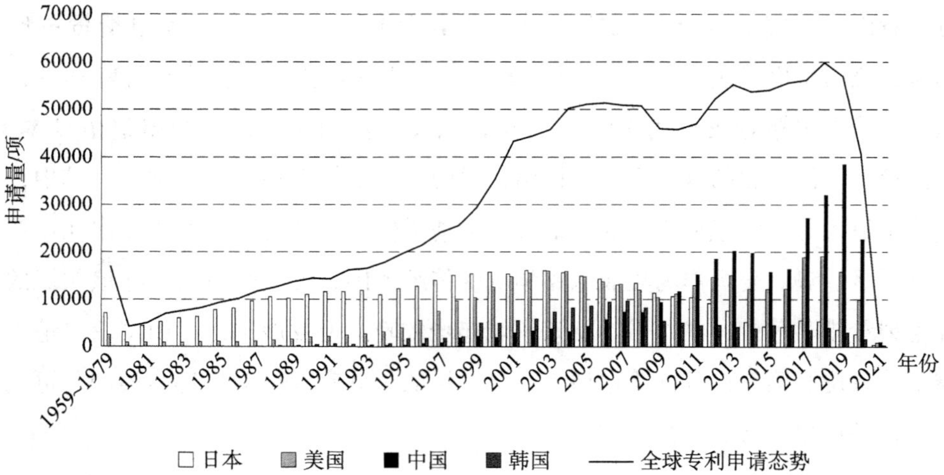

图 2-3 集成电路领域主要技术来源国家/地区专利申请量年份分布趋势

专利申请人是专利申请的主体，也是专利布局的谋划者。集成电路领域历年来申请人排名变化情况都是专利布局研究中应该关注的热点。

图 2-4 是集成电路领域全球申请量排名靠前的申请人排序情况。可以看出，在这些排名前列的企业中，大部分是属于日本的公司，说明日本专注于集成电路领域的企业相对集中。其中，日本企业有东芝、松下、富士通、日立、索尼、三菱、瑞萨、精工爱普生等，这些企业无论是在半导体元器件领域还是在消费电子产品领域，都是全球知名的大公司，申请量较多。韩国的三星和海力士排名分别位列第一和第二，其业务范围贯穿集成电路设计、制造、封装等各个领域，涉及领域宽、技术研发实力强。美国的 IBM 全球申请量排名第六位，其是全球著名的计算机生产企业，在集成电路制造工艺、设备以及集成电路封装等领域也有所涉及，范围较广。排名第十位和第十三位的是中国的台积电（台湾地区）和中芯国际，它们都是集成电路制造领域的大公司，涉及半导体制造工艺、设备以及半导体封装领域。

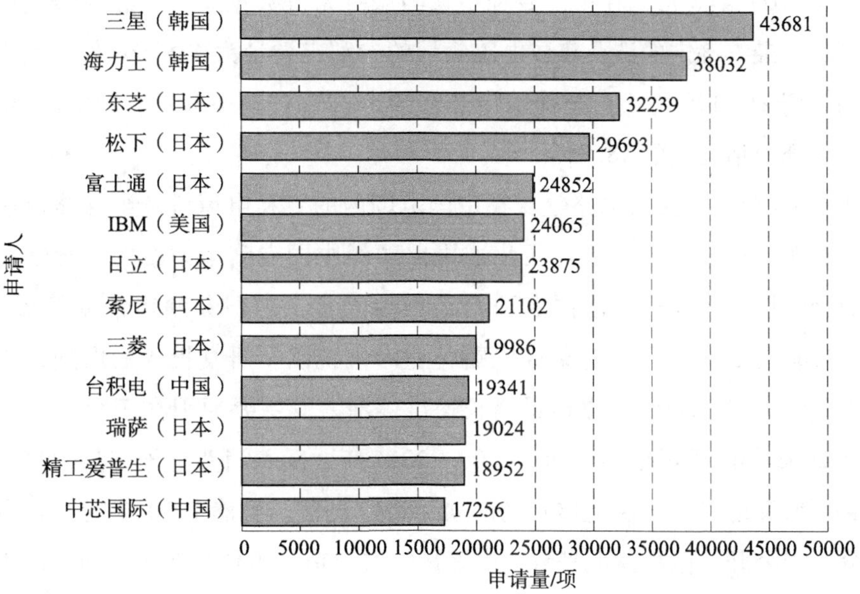

图 2－4　集成电路领域全球主要申请人的申请量分布

图 2－5 示出了集成电路领域专利申请技术分支分布情况。可以看出，集成电路制造领域占比最大，达到 50%，说明集成电路制造受关注度较高。集成电路制造工艺的更新发展是集成电路尺寸按照摩尔定律等比例缩小的关键。由于集成电路设计方案会对集成电路的性能产生关键性影响，因此该领域也一直是产业研发的重点，其申请量占比为 34%。集成电路封装领域处于整个产业的后端，技术难度相对较低，申请量占比为 16%。

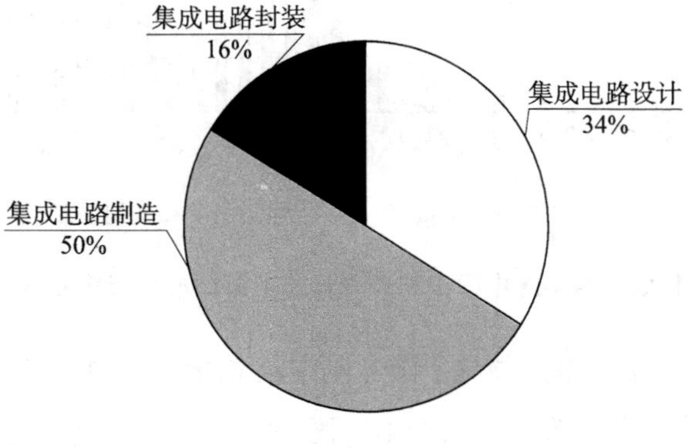

图 2－5　集成电路领域全球专利申请专利技术分支分布

截至2021年6月，在中国专利检索与服务系统数据库中，经检索式检索与人工筛选，最终确定的涉及集成电路领域的专利申请量为425 786件。其中，国内专利申请218 129件，占全部申请总量的51.2%；国外来华专利申请207 657件，占全部申请总量的48.8%。

图2-6反映了集成电路领域在中国范围内的专利申请量及半导体市场销售额态势分布，其中柱状图示出了集成电路领域中国专利申请量的变化情况。20世纪90年代初，集成电路技术开始在国内起步，中国专利申请量开始增长，1999~2006年，随着国内对集成电路行业的重视以及研发投入的增加，申请量快速增长。2008~2009年申请量增长速度停滞，其主要原因在于全球经济发展减缓及2008年的国际金融危机。2009~2014年，随着消费电子产品的兴起，集成电路领域又迎来一次快速增长的时机，增速迅猛。虽然2020年的专利申请数据部分还未公开，但总体上来看，申请量的增长趋势还是非常明显的，说明我国在该领域的关注力度、投入力度都较大。

图2-6中折线表示的为历年中国半导体市场销售额的变化趋势。该变化趋势与全球半导体市场销售额的趋势基本吻合。

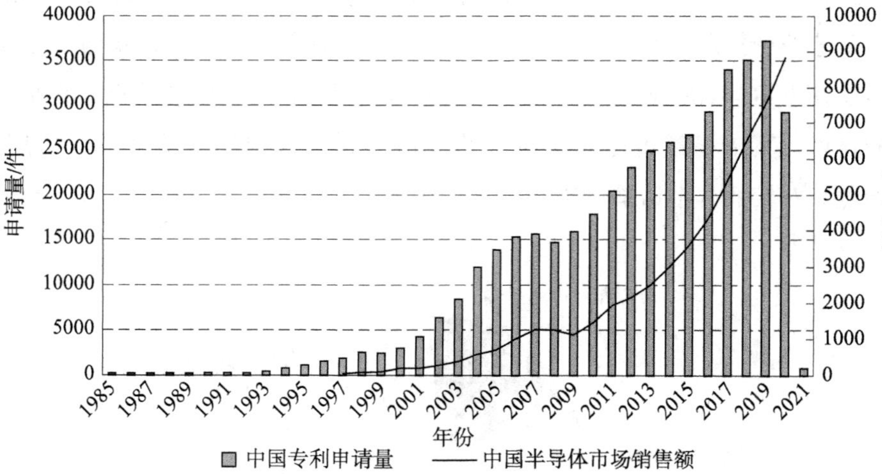

图2-6 集成电路领域中国专利申请量及半导体市场销售额年代分布趋势

图2-7示出了集成电路领域中国专利申请总量、国内专利申请量、国外来华专利申请量的年代分布趋势。可以看出，国外来华专利申请量在2008年之前相较于国内专利申请量具有较大的优势。国外来华专利申请量在2007~2015年增速放缓并处于平稳状态，说明处于技术成熟期，申请量稳定。而中国的技术发展较晚，

国内专利申请量从2001年开始明显增长，并在2009年首次超越外国来华专利申请量。其主要原因在于，国内集成电路产业正处于大力研发阶段，申请量快速增长。

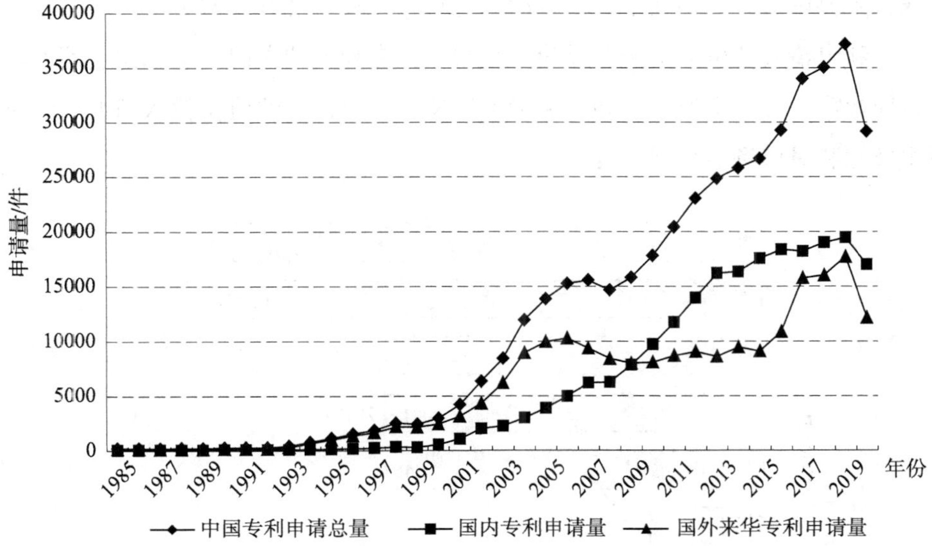

图2-7 集成电路领域中国专利申请总量、国内专利申请量、国外来华专利申请量年代分布趋势

图2-8反映了集成电路领域各国在华专利申请量分布情况。总体来看，中国籍申请人申请量占比达到53%，主要是由于从2001年开始中国籍申请人的申请量迅速增长，在2009年申请量已经超越国外来华专利申请量的总和。日本籍申请人一直关注中国市场，在集成电路领域内其申请量占中国专利申请总量的18%。美国的申请人很早就进入中国申请专利，申请量占比为16%。韩国依靠该国的国际知名企业的技术优势，申请量占比为5%。

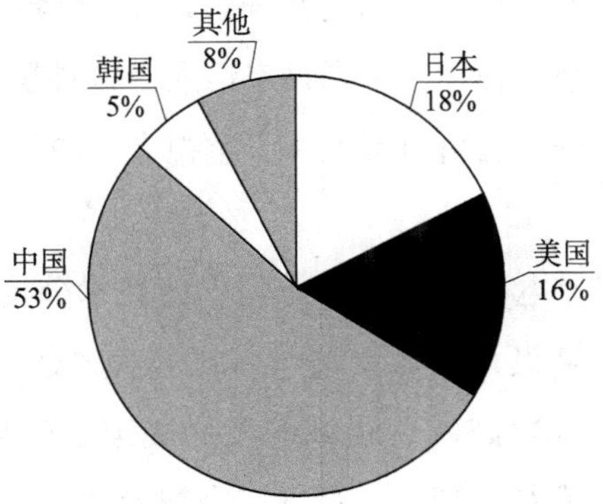

图2-8 集成电路领域中国专利申请技术来源国家/地区分布

图2－9示出了集成电路领域国内专利申请技术来源地区分布情况。可以看出，集成电路领域专利申请人在国内地域分布比较集中，各地区之间申请量差距悬殊，主要申请人集中在上海、台湾、北京、广东、江苏等省份。

专利申请人的申请量排名反映某一领域内专利申请人的技术掌握情况及其专利布局策略。一般来说，专利申请量可以反映某申请人的研发投入情况、专利申请积极性和对市场的重视程度。

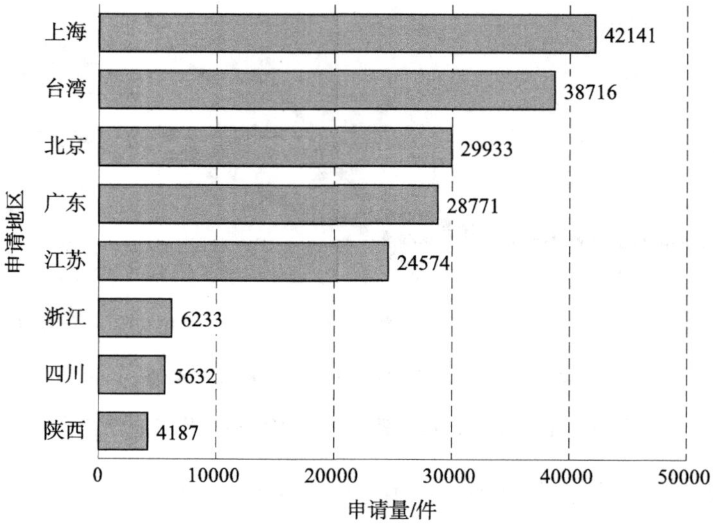

图2－9　集成电路领域全国主要技术来源地区分布

从图2－10可以看出，集成电路领域中国专利申请量排名前10位的申请人主要分布在中国、美国、日本和韩国。其中，中国4个，美国3个，日本2个，韩国1个。可见，全球的主要申请人也非常重视在中国进行专利布局。例如，日本的松下、东芝，韩国的三星，美国的高通、IBM、英特尔，均具有较多的在华申请。与全球的主要申请人相比，中国籍申请人中国科学院和上海华虹也位列前十名，这主要是因为部分外国籍申请人并不重视在中国的专利布局，在中国的专利申请量较少。

图2－11示出了集成电路领域中国专利申请技术分支分布情况。可以看出，中国专利申请中集成电路设计领域申请量占比最大，达到43%，高于该领域全球专利申请量占比。集成电路制造领域的发展决定了产品的集成度，其占比为42%。集成电路封装领域占比15%，基本与全球专利申请量占比持平。

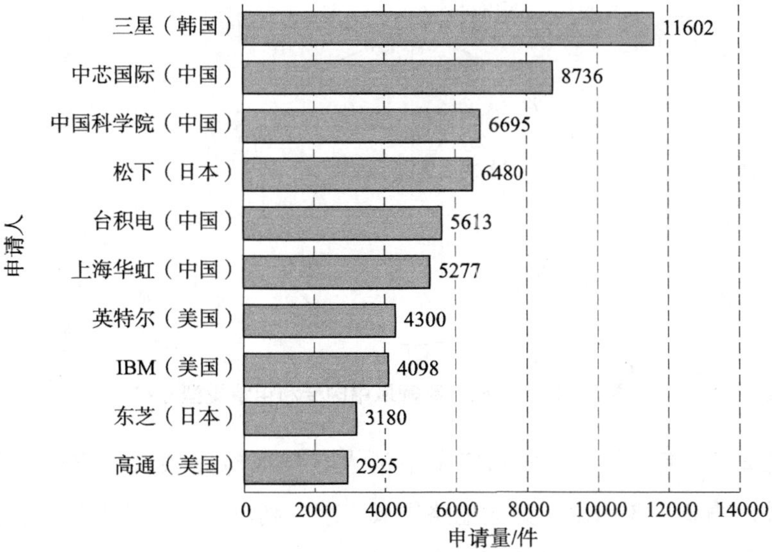

图 2－10　集成电路领域中国专利主要申请人的申请量分布

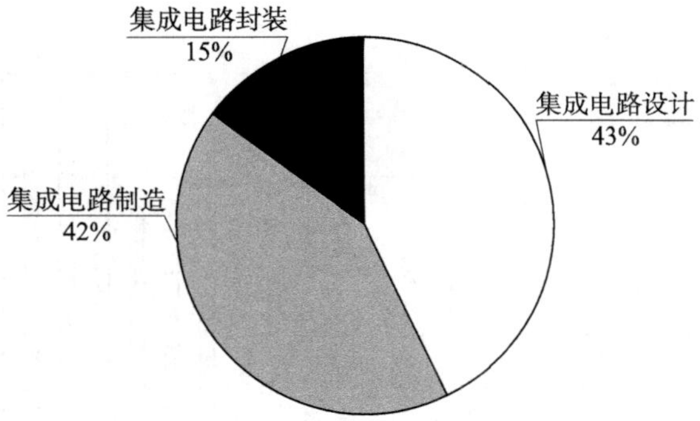

图 2－11　集成电路领域中国专利申请技术分支分布

图 2－12 示出了集成电路领域中国专利申请类型分布情况。可以看出，在集成电路领域中国专利申请中，发明占据主要地位。其中，国内申请人的发明专利申请量占 42.8%，反映了国内申请人在该领域的关注度较高，研发力度较大。国外来华申请人发明专利申请量占比 49%，高于国内申请人占比，可见国外来华申请人高度重视对该技术领域在中国的专利布局。实用新型占比较小，为 8.2%。

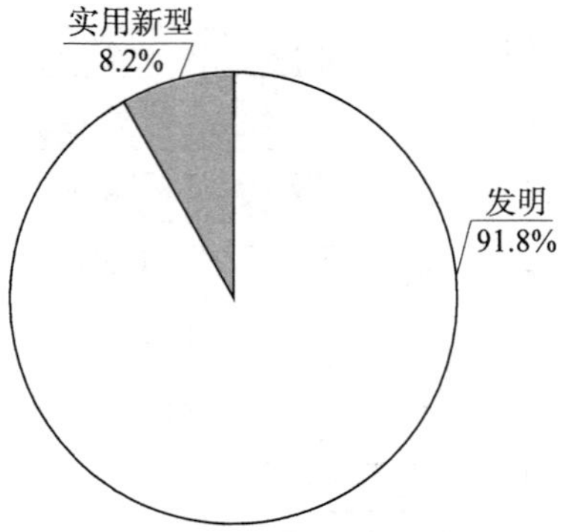

图 2-12 集成电路领域中国专利申请类型分布

截至 2021 年 6 月，检索到广东申请人在集成电路领域提出的专利申请共 28 771 件。图 2-13 示出了集成电路领域广东专利申请态势分布情况。从该图中可以看出，21 世纪初，集成电路领域广东专利申请量开始增长，2012 年增速放缓，2013 年后呈现快速增长态势。

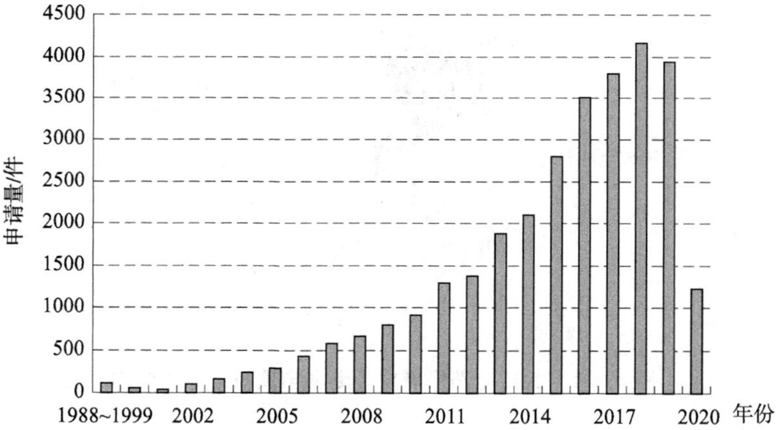

图 2-13 集成电路领域广东专利申请量年份分布态势

图 2-14 示出了集成电路领域中国专利申请与广东专利申请的对比情况。从该图中可以看出，相对于中国专利申请的总量，广东省集成电路领域的申请量总体上还处于较低水平，在中国专利申请总量中仅占 7%。这与广东省作为国内消费类电子、通信产品的最大生产基地这一身份是不符的，广东省在集成电路领域的研发投入力度有待加强。

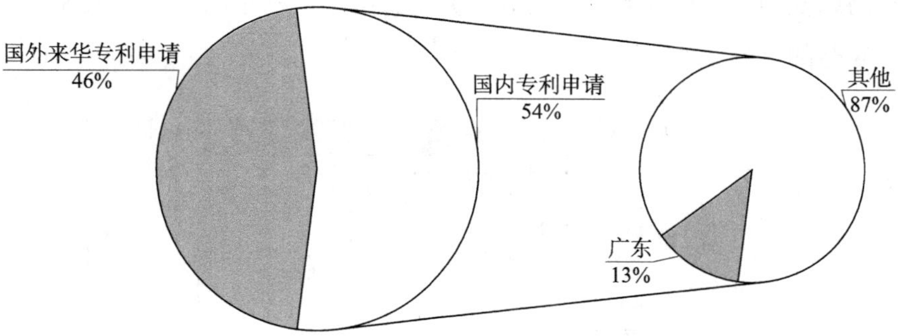

图 2-14　集成电路领域广东专利申请占比分布

图 2-15 反映了广东省各地市集成电路领域专利申请分布情况。总体来看，广东省内的集成电路产业分布比较集中，主要分布在深圳、广州、东莞等城市。深圳专利申请量占比最大，达到了 65.6%；广州申请量占比为 13.7%，位居第二；东莞在广东省专利申请中占比为 7.8%，位居第三。另外，在佛山、珠海、惠州、中山等城市也有集成电路产业的分布。

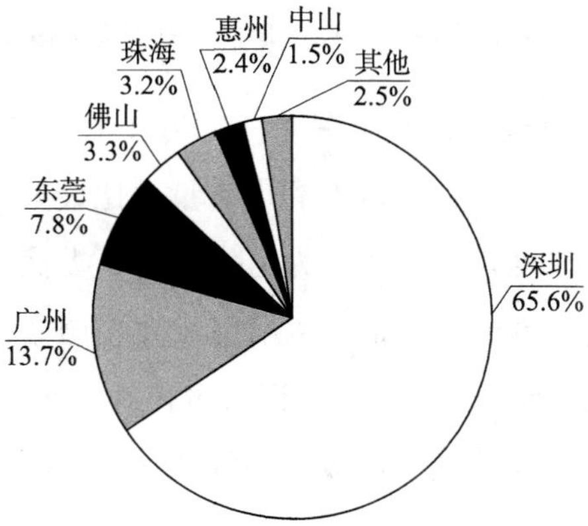

图 2-15　集成电路领域广东专利申请地区分布

图 2-16 示出了广东省主要申请人的申请量分布情况。可以看出，排名靠前的申请人包括企业和高校，其中华南理工大学和中山大学是广东省知名高校，专注于前沿技术的研究。排名第一的华为是全球领先的信息与通信解决方案供应商，在集成电路领域的专利申请主要涉及多媒体、通用处理器、射频、存储器等方面。排名第二的是中兴，其专利申请主要涉及通用处理器、多媒体、放大器、射频等领域。富士康是大型的 3C 产品研发制造企业。努比亚是国内知名手机生产商。比亚迪是汽车电子产业的知名企业，在集成电路领域的专利申请主要涉及

集成电路以及功率器件的制造与封装。方正微电子、欧珀电子、腾讯等公司也都是全国知名的大型企业。

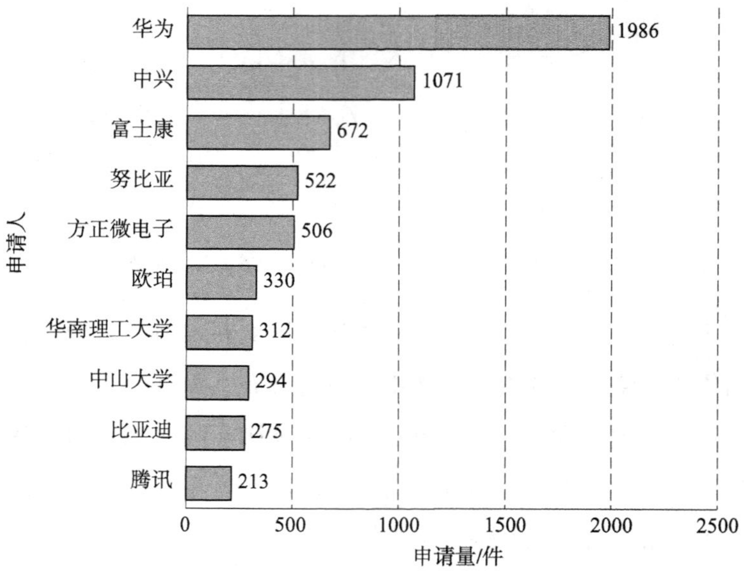

图 2－16　集成电路领域广东省主要申请人的申请量分布

图 2－17 示出了集成电路领域广东专利申请技术分支分布情况。可以看出，广东专利申请中，集成电路设计领域专利申请量占比最大，达到 63%，说明集成电路设计在广东省受关注度较高，以华为为代表的一批优秀企业在该领域具有优势。集成电路制造工艺的更新发展是集成电路尺寸按照摩尔定律等比例缩小的关键，广东省在该领域投入增长迅速，其申请量占比为 20%。集成电路封装领域处于整个产业的后端，相对于集成电路设计与制造来说，申请量较少，占比 17%。

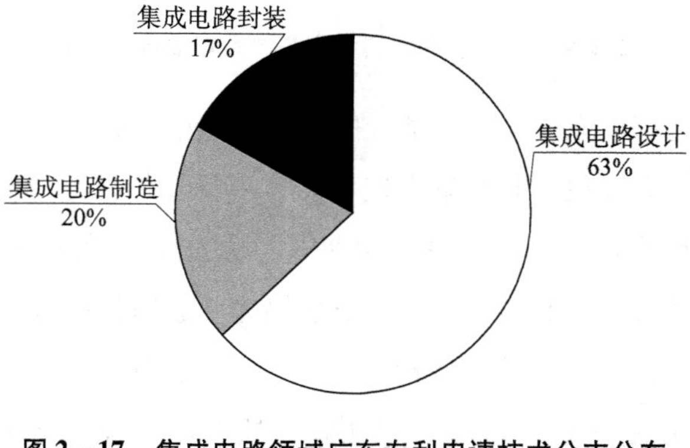

图 2－17　集成电路领域广东专利申请技术分支分布

图 2－18 示出了集成电路领域广东专利申请类型分布情况。可以看出，在广东专利申请中，发明以 77% 的比例占据优势；而实用新型占比为 23%，远高于该领域中国专利申请中实用新型的占比。从广东省发明与实用新型专利申请类型的分布与该领域中国专利申请类型分布的差距可以看出，广东省的申请人在该技术领域研发难度相对较小。

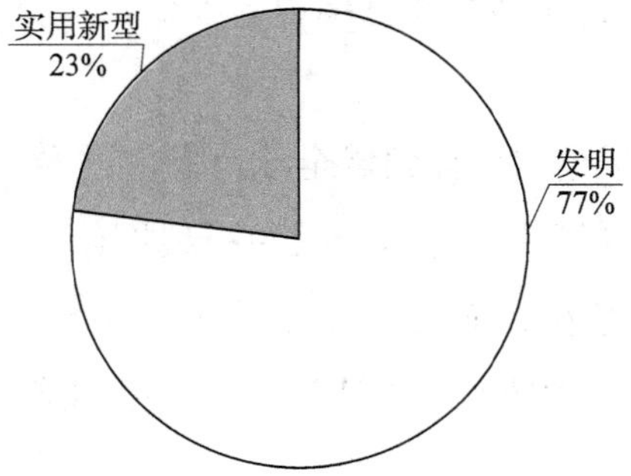

图 2－18　集成电路领域广东专利申请类型分布

通过上述分析可知，集成电路领域全球专利申请量逐年攀升，说明该领域一直处于不断发展之中。申请人主要分布在日本、美国、中国和韩国。近年来，中国在集成电路封装领域发展热度较高，研发投入大幅增长。中国专利申请中发明专利申请占据主要地位，国内申请在近几年增长迅速。国内专利申请主要来自台湾、江苏、上海、北京、广东等经济发达地区。尤其是 2000 年以后，由于政策的激励，长三角、环渤海以及珠江三角洲地区企业聚集和发展，专利申请量增长速度飞快。

广东省产业分布比较集中，主要分布在深圳、东莞、广州等城市，申请量总占比仍然不高，发明申请占比与中国专利类型分布的差距较大。广东省在集成电路设计领域国内专利申请量排名第一，在技术上占据优势。广东省具有较多集成电路设计的优势企业，在集成电路设计方面也具有较多实力较强的高校和科研机构，有望成为集成电路设计领域的技术强省。在集成电路制造和封装领域，广东省国内专利申请量分别排名第四和第三，但申请量总占比仍然不高，研发难度相对较小，自主创新驱动力水平仍有待提高。广东省是国内消费型电子、通信产品的最大生产基地，应在自身优势的基础上，抓住机遇，加大集成电路制造与封装产业的研发投入力度，促进整个产业链健康发展。

2.3 广东省集成电路产业专利发展的主要特点

2.3.1 集成电路设计领域

截至2021年6月，检索到全球范围内涉及集成电路设计领域的专利申请共461 087项。

图2－19反映了集成电路设计领域全球范围内的专利申请年份（优先权日）分布态势以及半导体市场销售额趋势，其中折线图给出了1999～2021年全球半导体市场销售额的统计情况，而柱状图则给出了1980年以前累计以及1980～2021年各年集成电路设计领域专利申请量（不包括同族）的变化情况。

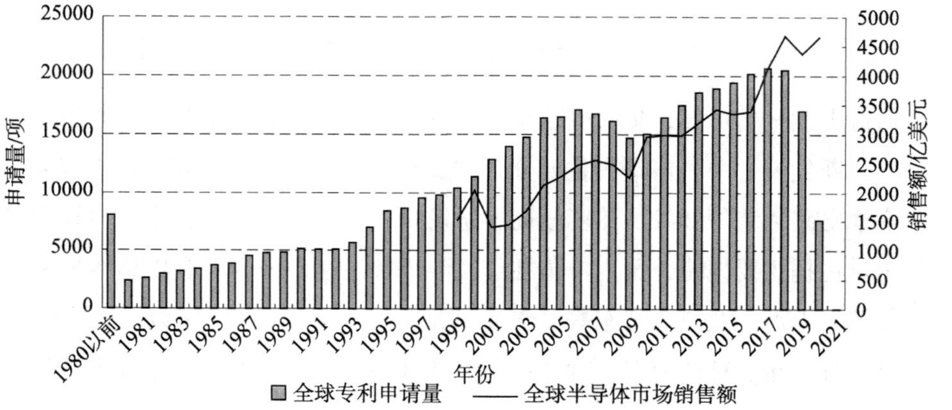

图2－19 集成电路设计领域全球专利申请量及半导体市场销售额年份分布趋势

需要说明的是，由于专利申请到公开需要一定的时间，以及数据库收录的滞后，因此数据存在一定程度的偏差，未能反映真实的申请量情况。

从全球总申请趋势来看，1981～1990年，集成电路设计技术申请量总体呈现一个快速上升的趋势；1991～1993年，申请量增长趋势有所放缓，这也与当时的全球经济形势相关；从1994年开始，申请量的增长趋势更加强劲，增长率也明显高于1981～1990年的平均增长率，重新步入一个新的增长阶段；申请量在2008年、2009年出现下降趋势，而此时正值美国金融危机爆发，说明企业受到经济危机的影响，在研发投入方面也有所下降；而到了2010年，申请量又开始呈现正增长，并一路攀升；到了2012年，申请量便迅速超过前期高点。可以肯定的是，2012 年以后，由于智能终端设备的兴起，集成电路设计技术必定是处于蓬勃发展阶段的。

再看图 2－19 中折线图所反映的全球半导体市场的销售情况，全球半导体市场销售额在 2001 年显著下降，2002 年开始回升并持续增长，随后于 2008～2009 年再次出现负增长，2010 年开始反弹。可见，集成电路设计领域全球专利申请量的变化趋势与半导体市场波动在一定程度上是密切相关的。

图 2－20 反映的是集成电路设计领域全球专利申请技术来源国家/地区分布情况。在集成电路设计领域的全球专利申请中，统计得到 461 087 项首次申请（优先权项）。其中，美国占比最高，为 35%（160 310 项）；其次是日本，占比为 31%（142 689 项）；中国占比为 17%（其中台湾地区占比约为 2%）；韩国占比为 8%。因此，美、日、中、韩四国在该领域的专利输出量基本已经达到全球的 91%。这进一步说明集成电路设计技术的技术集中度非常高，美国在集成电路设计领域的技术占据绝对领先地位。目前，大部分从事集成电路设计的优秀企业都是美国的企业，例如英特尔、德州仪器、美光科技；中国虽然近年来的申请量较多，但是还不能作为主要的技术输出国，相信随着中国国力的增强，未来必定会有所超越。

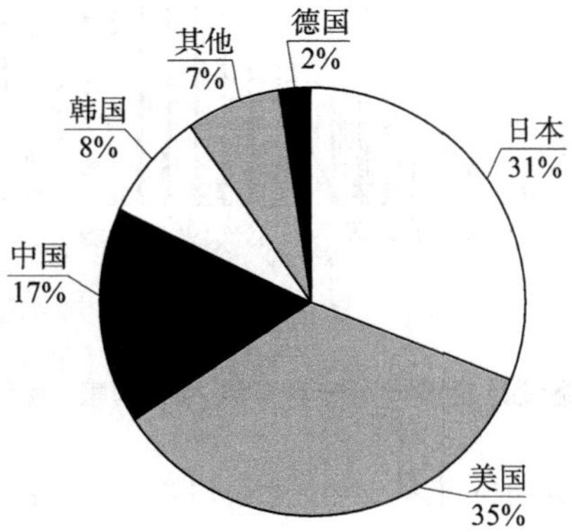

图 2－20 集成电路设计领域全球专利申请技术来源国家/地区分布

图 2－21 反映了集成电路设计领域全球专利申请目标国家/地区专利申请量趋势对比情况。从 1980～2001 年这段时间的统计数据可以看出，日本在集成电路设计领域虽然发展晚于美国，但是申请量却领先美国，且增长态势平稳。这段时间之中，美国和日本构成该领域的两大申请国别，中国和韩国由于专利制度建立较晚或其他原因，该段时间的申请量较少。

美国在集成电路设计领域的申请量从2001年开始超越日本后，一直遥遥领先，成为该领域的专利申请第一大目标国。美国的申请量增长趋势也基本与全球的申请量趋势保持一致，说明美国在该领域占据主导地位；日本1994～2013年的申请数据都较为平稳，没有大的增长，也没有大幅减少，说明在该领域日本发展较为成熟。

中国和韩国在集成电路设计领域可以说是后起之秀，在这一领域发展较快。中国在1995年以前几乎没有申请量，但是从1995年开始每年的申请量稳步增加，2010年超越日本，成为仅次于美国的第二大申请目标国。韩国的申请量自2012年开始接近日本，到2013年超越日本，并成为第三大申请目标国，相信这也与韩国电子企业在全球迅速扩张有关。

总体来说，除了日本在该领域的申请量出现负增长之外，全球主要国家在集成电路设计领域都呈欣欣向荣之势，美国一直是该领域的领头羊，目前中国紧追其后，相信不久的将来，中国必定会在细分领域有所超越。

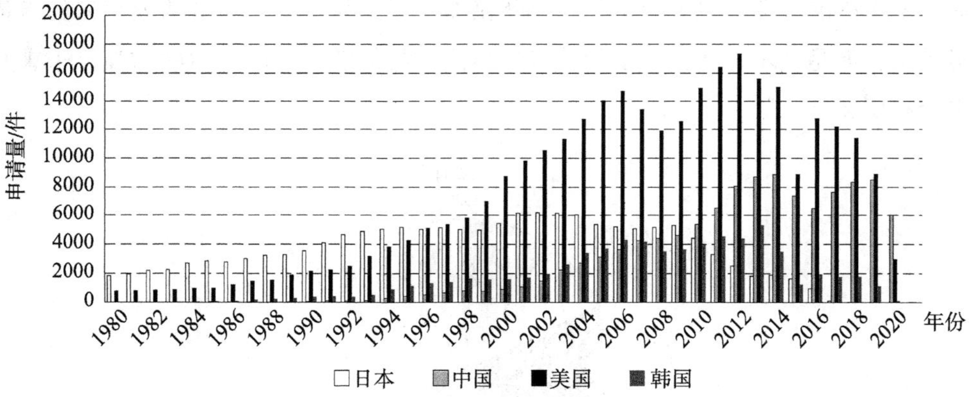

图2－21 集成电路设计领域全球专利申请目标国家/地区专利申请趋势对比

专利申请人是专利申请的主体，也是专利布局的谋划者。集成电路设计领域历年申请人排名变化情况是专利布局研究中应该关注的热点，通过分析该领域主要申请人的状况，可以对该项专利技术的整体态势有更深入的认识。

图2－22是集成电路设计领域全球申请量（不含同族）排名前16位的申请人排序情况。在统计出来的这16位申请人中，大部分是属于日本的企业，结合前一章的技术来源国家/地区分布图，也从侧面说明了日本专注于集成电路设计技术的企业相对集中，即日本在该领域的技术主要集中在几个大的企业。其中，

位于排名之内的日本企业有松下、NEC、东芝、三菱、索尼、富士通、日立、佳能、夏普、三洋等，这些企业无论是在消费电子领域还是在元器件领域，都是耳熟能详的大公司。例如，日本企业中排名较为靠前的松下在电子、电气、计算机软件、通信等诸多领域都有所涉及，并且历年申请量在全球也遥遥领先。

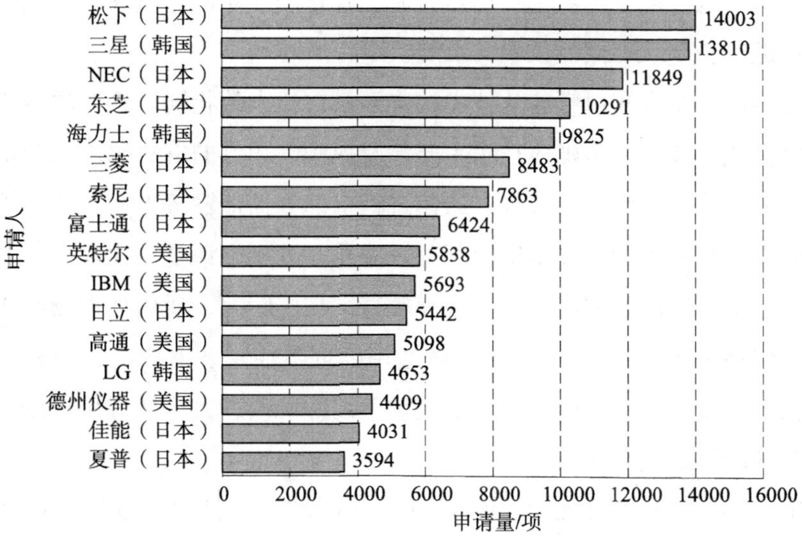

图 2－22　集成电路设计领域全球主要申请人及申请量分布

韩国的三星在申请数量上排名较为靠前，这也与三星涉及领域宽、技术研发实力强密不可分。近年，三星的电子产品销量完全超越日本企业，也进一步说明专利是企业的核心竞争力。上榜的韩国申请人还有海力士和 LG，这两家公司分别在半导体和电子电气领域实力较强。

另外，虽然美国的申请量遥遥领先，且是全球最大的集成电路设计技术的专利输出国，但是，在上述排名中，美国企业的数量较日本企业少，其排名较为靠后，排名进入前 16 位的美国企业有英特尔、IBM、高通、德州仪器、摩托罗拉，也进一步说明美国的集成电路设计技术的技术集中度没有日本高，在美国，涉及该领域的企业数量较多，分布较为广泛，成长性高。

在上述排名中，无一中国企业出现，说明虽然中国的申请量大，但是技术集中度低，未能培育出集成电路设计领域的优秀企业，同时也说明中国还处于发展阶段，未来发展潜力巨大。

图 2－23 统计了集成电路设计领域全球专利申请技术分支分布情况，以及各

个技术分支的专利申请量占比情况，包括存储器、射频芯片（RF）、放大器、多媒体芯片技术、AD-DA 转换技术、通用处理器技术、电源 IC 芯片、导航芯片技术、智能可穿戴芯片技术的申请量（不含同族）分布。可以看出，关于存储器的申请量最多，占比为 23%。这是因为存储器本身涉及的种类较多，且应用十分广泛，每个电子设备都需要存储器，而随着移动互联网的发展，终端设备数量暴增，也进一步导致存储器技术的发展。

多媒体芯片技术和射频芯片技术的申请量占比大致相同。这两项技术也都是使用非常广泛的技术，多媒体技术主要涉及视频、图像的编解码以及智能识别等技术，射频芯片技术则包括天线、通信过程中的数据传输等方面。这两项技术也是移动终端中必不可少的技术组成部分，因此，专利申请量占比较大。

另外，由于通用处理器技术集中度较高，在国际上，通用处理器技术主要集中在英特尔和 AMD 手中，因此，虽然通用处理器使用非常广泛，但是专利申请量相对较少。放大器技术由于更多地侧重于硬件的改进，虽然应用广泛，但是可供申请专利的改进点相对较少。

其中，其他部分主要统计了涉及 AD－DA 转换、逻辑电路方面的技术。由于该项技术本身发展较为成熟，且多涉及硬件方面的技术，统计的专利申请量不大。电源 IC 芯片技术分支则主要统计了涉及在低压领域中用于功率转换的相关技术。导航芯片技术分支则统计了专注于实现导航功能的芯片及其相关技术，这些相关技术虽然应用广泛，但是均发展较为成熟，因此专利申请量相对较少。

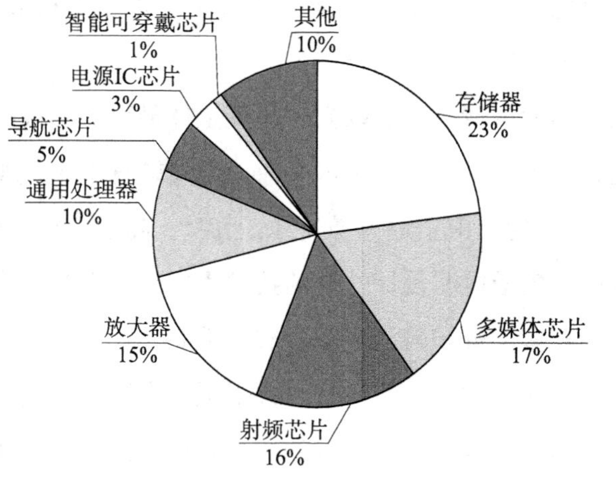

图 2－23　集成电路设计领域全球专利申请技术分支分布

截至此次检索截止时间2021年6月，在中国专利检索与服务系统数据库中，经检索式检索与人工筛选，最终确定的涉及集成电路设计的专利申请量为181 544件。

图2－24反映了集成电路设计领域在中国范围内的专利申请态势分布及中国半导体市场销售额统计情况，柱状图示出了集成电路设计领域中国专利申请量的变化情况。从20世纪90年代开始，集成电路设计领域的中国专利申请量开始增长，2007～2008年申请量增速缓慢，其主要原因在于全球经济发展减缓及2008年的国际金融危机。随后因2010年全球半导体市场出现反弹，申请量于2010年出现攀升并在2011～2019年稳步增长，2019年达到一个顶峰。从2014～2019年集成电路中国专利申请量稳步上升的趋势可以看出，相比于全球集成电路专利申请量年代分布趋势，中国专利申请量的变化趋势在近几年处于稳步增长状态，国内集成电路行业近几年发展迅速。

图2－24中的折线表示1997～2019年中国半导体市场销售额的变化趋势。该变化趋势与全球半导体市场销售额的趋势基本吻合。值得注意的是，全球半导体市场在2010年出现反弹之后从2011年开始增速放缓，而中国半导体市场销售额在2011～2019年依然保持较快增长的态势。

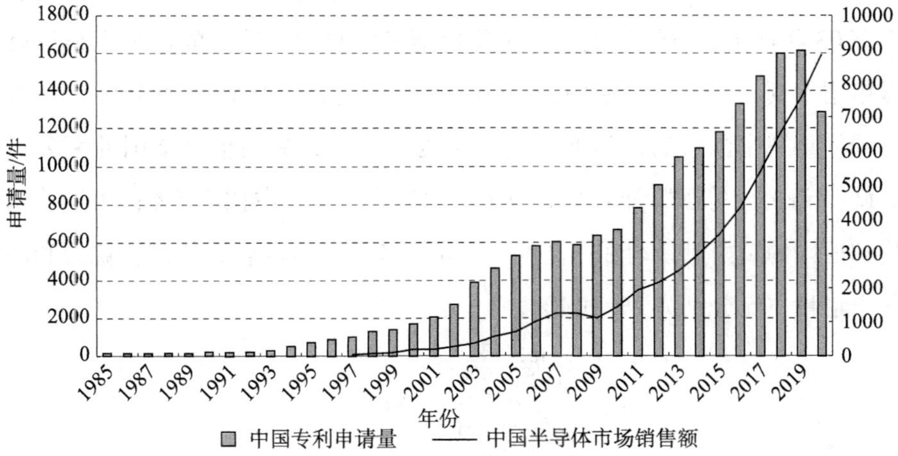

图2－24 集成电路设计领域中国专利申请量及中国半导体市场销售额年代分布趋势

从图2－25可以看出，集成电路设计领域相关的中国专利申请中，国外来华申请量在总申请量中占比较大，且在2008年之前相较于国内申请量具有较大的优势。而从2008年开始，由于受到全球经济危机的影响，国外来华申请量明显下滑。而中国的技术发展较晚，国内申请量从2001年开始明显增长，其在2008年首次超越国外来华申请量。其主要原因在于，全球半导体市场在2010年出现反弹之后从 2011 年开始呈现持续低迷的状态，而中国半导体市场销售额依然保持较快增长的态势。

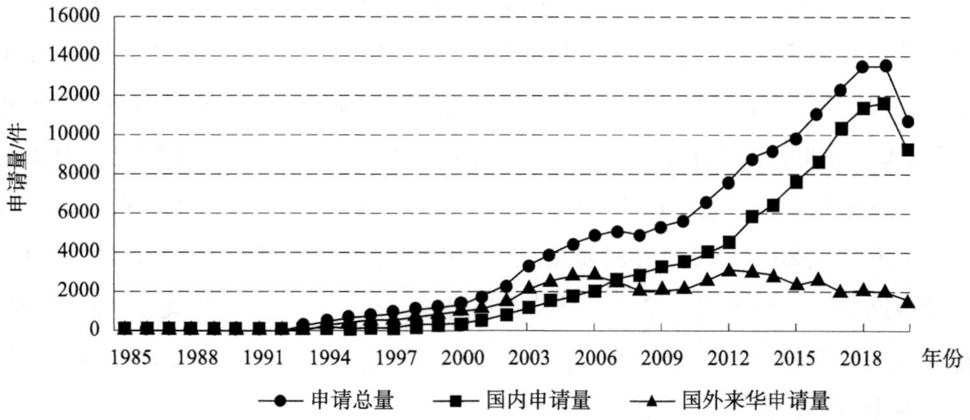

图 2－25　集成电路设计领域中国专利申请总量、国内申请量、国外来华申请量年代分布趋势

图 2－26 反映了各国在华的专利申请分布情况。总体来看，中国本土申请人申请量占比达到 56%。这主要是由于从 2004 年开始国内申请人的申请量迅速增长，在 2008 年申请量已经超越国外来华申请量的总和。美国的申请人很早就进入中国申请专利，并一直关注中国市场，其申请量占总申请量的 16%；日本的申请人同样重视中国市场，其申请量占比达到 12%；韩国依靠该国的大公司如三星、LG、海力士等国际知名企业的技术优势，申请量占比为 6%；由于德国的英飞凌和法国的汤姆逊公司在中国的申请量也较大，排名较为靠前，德国和法国的来华申请量占比分别为 2% 和 1%。

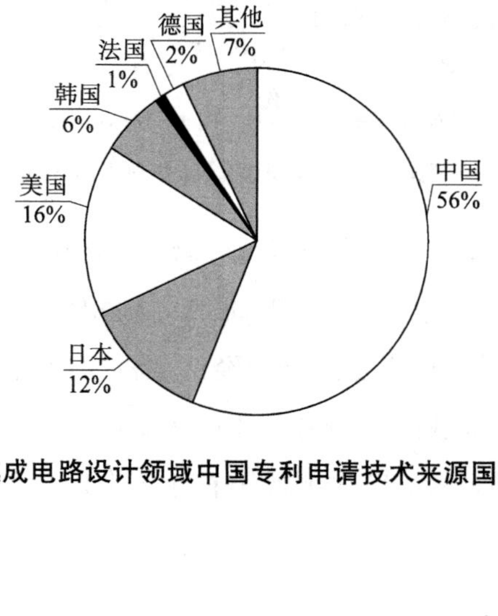

图 2－26　集成电路设计领域中国专利申请技术来源国家/地区分布

图 2－27 示出了集成电路设计领域国内技术来源地区分布情况。可以看出，集成电路设计领域国内申请来源地域分布比较集中，各地区之间申请量差距悬殊，主要申请人集中在广东、北京、台湾、上海、江苏、四川等省份。广东在集成电路设计领域的专利申请量为 18 206 件，居于首位。北京在集成电路设计领域的申请量为 12 502 件，位居第二。台湾在集成电路设计领域的申请量为 8506 件，位居第三。这是因为台湾在该领域发展起步较早，拥有日月光半导体、台积电等行业内技术领先的优秀企业。上海和江苏在集成电路设计领域的申请量分别为 7609 件和 5029 件，在全国各省份申请量排名中分列第四和第五，虽然排名靠前，但各自的申请量相比排名前两位的地区，差距已十分明显。安徽在集成电路设计领域的国内申请量中排名第六，申请量为 2108 件，与前两位的差距进一步拉大。其他省份的申请量与排名靠前的地区差距悬殊，申请量均未达到全国平均水平。

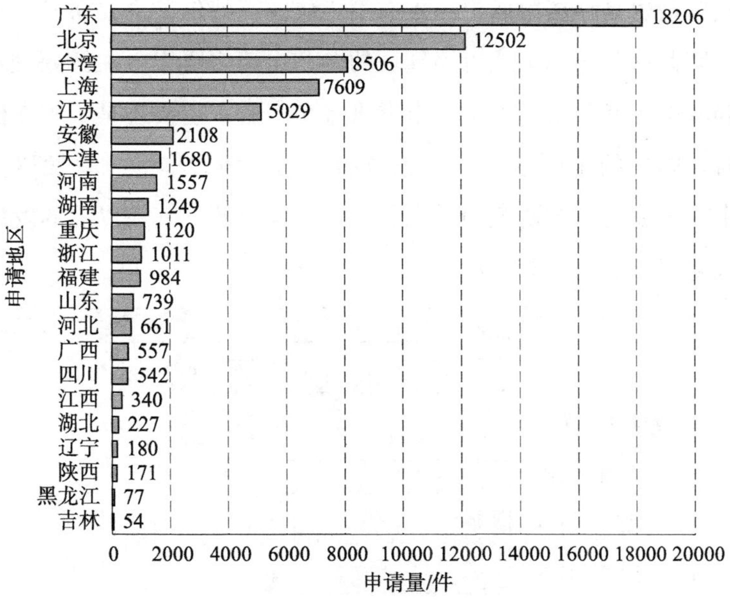

图 2－27　集成电路设计领域国内技术来源地区分布

图 2－28 示出了集成电路设计领域排名前 10 位中国专利申请主要申请人的申请量分布情况。排名前 10 位的申请人来自 5 个国家，其中，中国 3 个，韩国 2 个，美国 2 个，日本 2 个，荷兰 1 个。可以发现，全球的主要申请人非常重视在中国进行专利布局，例如，韩国的三星、LG，日本的松下、索尼，美国的高通、英特尔，均具有较多的在华申请。与全球专利申请的主要申请人相比，增加的主

要是中国籍申请人，这是因为中国籍申请人主要只在国内进行专利布局，在国外的专利申请量较少。排在第二位的华为作为中国的知名企业，其在集成电路设计领域的申请量在国内申请人中排名第一。作为一个企业，其更重视对专利的布局，尤其是要发展全球业务，需要一定的专利基础，同时作为一个创新企业，其重点关注科技创新。华为还自主研发了海思芯片，在集成电路的研发上投入了大量资金，同时在移动通信网络中进行了大量研发，申请了大量专利。排名第七位的中国科学院作为国内重点科研院所，研究领域广泛，拥有众多分院，例如微电子研究所、半导体研究所等，其在科学期刊发表论文的同时也会进行专利申请，其在专利创新上也有一定的实力，故其申请量也位居前列。排在第八位的联发科，作为国内手机处理器的主要供应商，其在微处理器方面申请了大量专利。高通是全球知名的集成电路生产企业，其高通处理器是移动通信领域的龙头老大，其相关专利申请也是稳居第四位。排在第三位的英特尔，主要研发重点在微处理器技术上，因此该公司在集成电路领域的专利申请主要集中在微处理器方面。从集成电路领域中国专利申请的主要申请人排布来看，主要还是集中在国外的知名企业，同时，国内的主要生产企业也位居前列，例如华为、联发科。尤其是华为，近年来在集成电路的研究中投入了大量研发资源，其在以后的发展中也会重点进行集成电路领域的专利布局。

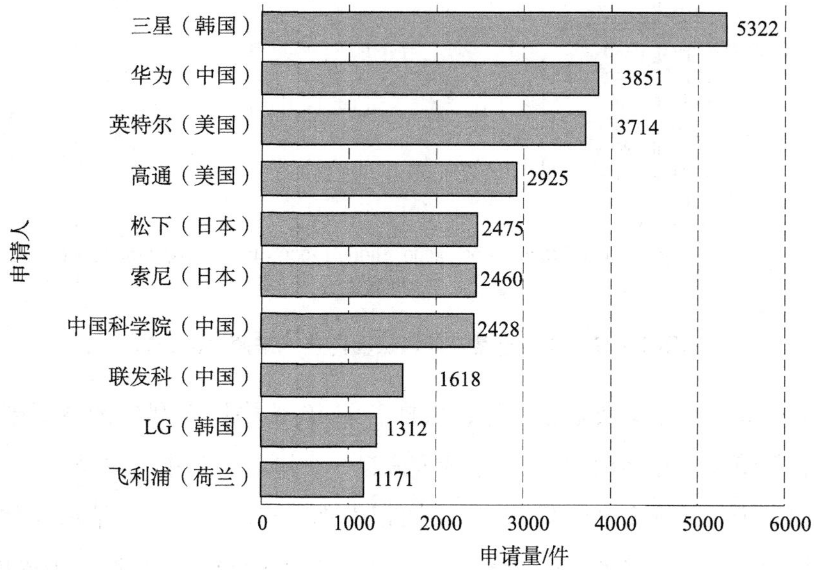

图2－28　集成电路设计领域中国专利申请主要申请人的申请量分布

图2－29示出了集成电路设计领域中国专利申请的技术分支分布情况。可以看出，多媒体芯片技术方面的专利占比最大，为17%，其次为射频芯片技术、存储器技术。对比前述章节的集成电路设计领域全球专利技术分支统计分析，申请数量较多的技术分支依然是存储器技术、射频芯片技术、多媒体芯片技术，这些技术在电子产品中广泛使用，特别是当前移动互联网的发展，使得这些技术的使用更加普遍。值得关注的是，智能可穿戴芯片在全球专利申请技术分支中，占比仅为1%，但是在中国，占比高达8%。这从侧面说明中国企业对该项技术的研发、布局较多，该项技术是最近才开始兴起的技术，因此，也从侧面说明国内企业对时下的热点技术较为追捧。

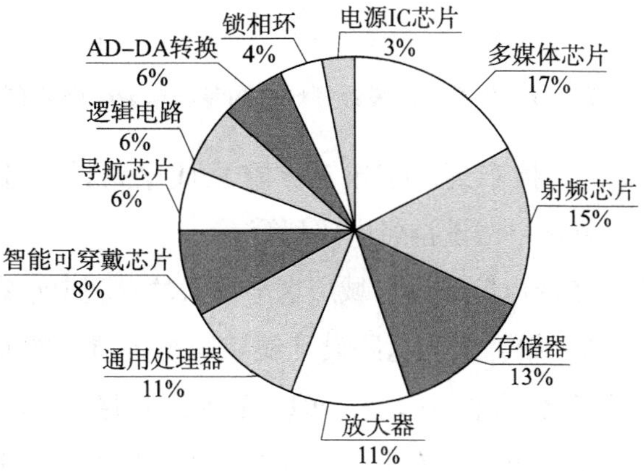

图2－29　集成电路设计领域中国专利申请技术分支分布

电源IC芯片、锁相环、AD－DA转换以及逻辑电路技术方面的专利布局相对较少，可见这些技术现如今发展大多较为成熟，且更多涉及硬件结构的设计，能够挖掘的创新点相对较少。

在集成电路设计领域的全球专利申请技术分支中，存储器技术占比最高，而中国专利申请中则是多媒体芯片技术占比最高。存储器本身涉及的种类较多，且应用十分广泛，每个电子设备中都需要存储器，但是目前在存储器领域较为领先的企业，例如三星、海力士、美光科技，均不是中国本土的企业，因此，中国专利申请中该技术分支占比不高也从侧面反映了国内在存储器技术方面处于相对弱势地位。

从图2－30可以看出，在集成电路设计领域的中国专利申请中，发明占据主要地位，占比为85%，而实用新型仅占15%。这与集成电路设计技术本身就适合申请发明专利有一定的关系，但是也从侧面体现了该领域专利具有质量较优、创造性高度较高的特点。随着技术研发的不断进步，发明占比还会进一步提升，中国在该领域的核心竞争力必定会不断增强。

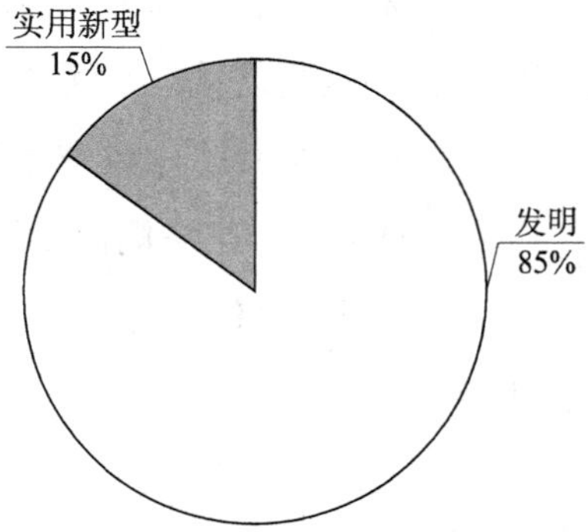

图 2-30 集成电路设计领域中国专利申请类型分布

截至 2021 年 6 月，检索到广东申请人在集成电路设计领域的专利申请共 18 206件，在全国各省份申请量排名中位列第一。

图 2-31 示出了集成电路设计领域广东申请人的专利申请态势分布情况。可以看出，从 21 世纪初开始，集成电路设计领域广东申请人的专利申请量开始增长，2001~2015 年呈现快速增长态势，2015 年相比 2014 年的申请量又呈现一个快速递增的趋势。目前，国家正在大力推动中国半导体设计企业的发展，广东省的半导体设计企业也呈现一个快速增长的趋势，专利申请量的增长趋势也体现了这一点。

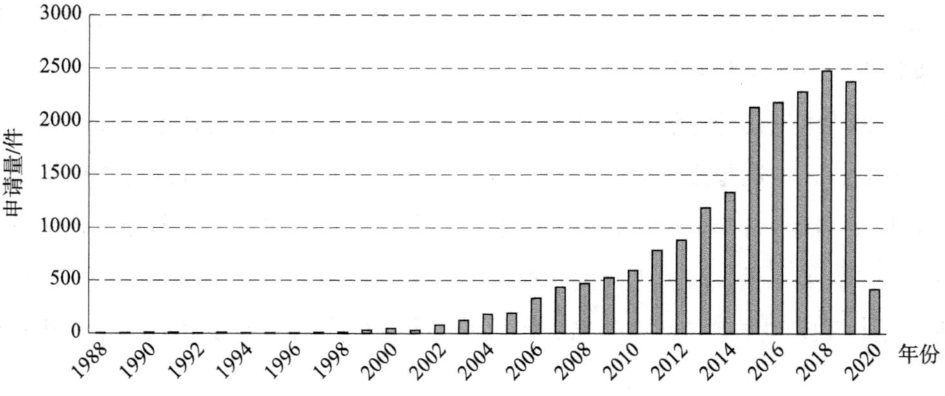

图 2-31 集成电路设计领域广东申请人专利申请态势分布

图 2－32 示出了集成电路设计领域国内专利申请与广东专利申请的对比情况。可以看出，相对于国内申请的总量，广东申请人在集成电路设计领域的申请量总体上还处于较低水平，在国内申请人的总申请量中仅占 19%。这与广东作为国内消费型电子、通信产品的最大生产基地这一身份是不符的。其原因在于：广东省内的一些大型企业主要以产品代工为主，依托外资企业已有的成熟技术进行生产制造，并不注重新技术、新产品的研发；而小型企业多从事中低端产品的生产制造，其技术与前沿新技术相比已相当成熟完善，创新比较困难。因此，广东申请人在集成电路设计领域申请量相较于国内申请量偏少。

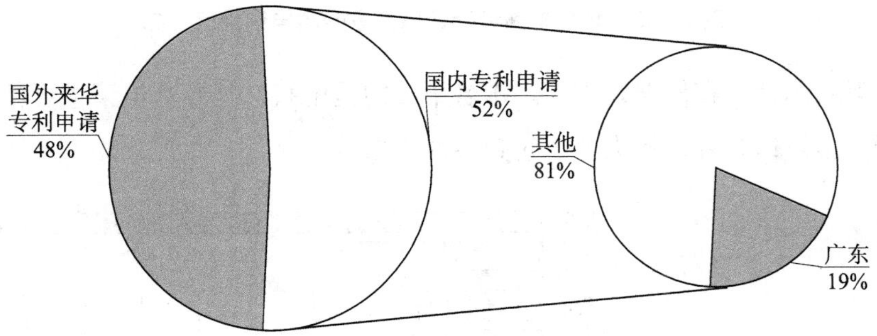

图 2－32　集成电路设计领域国内专利申请中广东申请人专利申请量占比

图 2－33 反映了集成电路设计领域广东专利申请地区分布情况。可以看出，深圳专利申请量占比最大，达到了 68%。深圳作为改革开放的前沿城市，率先发展集成电路产业，汇聚了华为、中兴、努比亚、富士康等一批国内外知名的企业。广州作为广东省的省会城市，也具有一批实力不俗的集成电路企业，例如京信通信等企业，还有华南理工大学、中山大学等高校专注于集成电路设计的前沿研究，其申请量占比 14%。东莞号称“世界工厂”，制造业实力雄厚，拥有广东欧珀等一批具有较强技术实力的集成电路企业，其在集成电路设计领域的中国专利申请量在广东省专利申请中占比 7%。另外，在佛山、珠海、惠州、中山等城市也有集成电路设计产业的分布。总体来看，广东省内的集成电路设计产业已具有一定的规模。

图 2－34 示出了集成电路设计领域广东省主要申请人的申请量分布情况。可以看到，排名靠前的申请人包括企业、高校，其中华南理工大学和中山大学等是著名的高校，专注于前沿技术的研究。排名第一的华为是全球领先的信息与通信解决方案供应商，在集成电路设计领域的专利申请主要涉及多媒体芯片、通用处

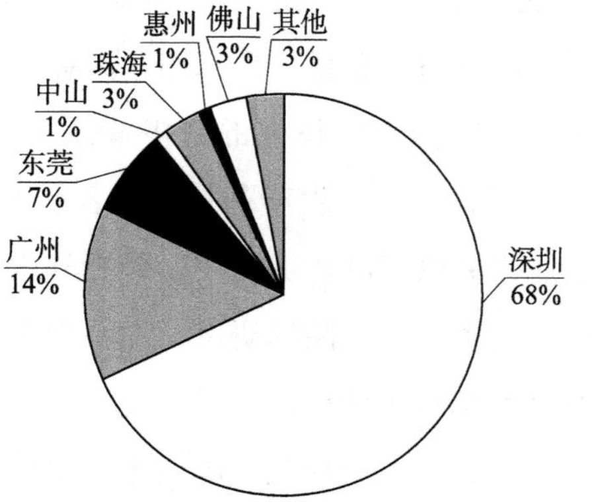

图 2-33　集成电路设计领域广东专利申请地区分布

理器、射频芯片、存储器等方面。排名第二的是中兴，其专利申请主要涉及通用处理器、多媒体芯片、放大器、射频芯片等领域。

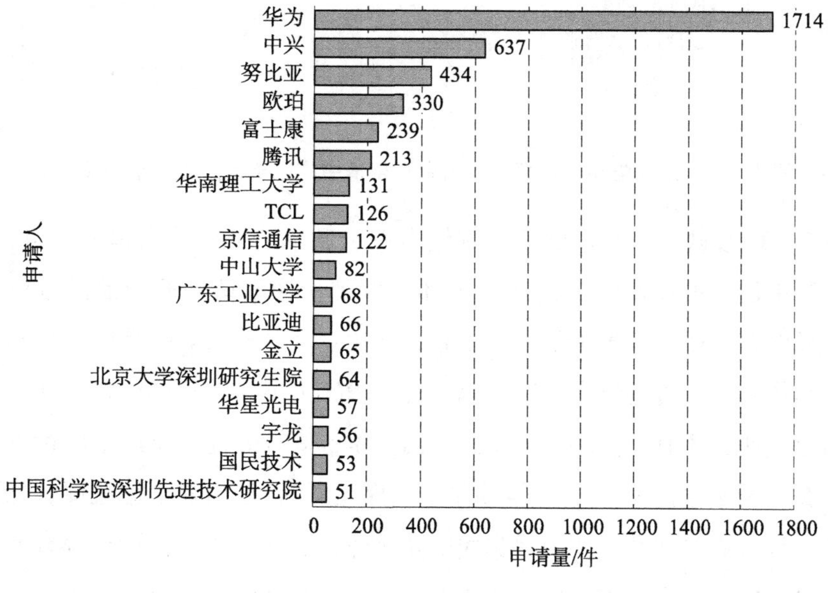

图 2-34　集成电路设计领域广东省主要申请人的申请量分布

图 2-35 示出了集成电路设计领域广东专利申请的技术分支分布情况。对比可知，广东省在集成电路设计领域的专利申请技术分支分布和全球的情况有着很大的差别，其中，多媒体芯片技术占比最高，为 23%，数量为 3245 件；其次为智能可穿戴芯片技术，占比为 19%，数量为 2681 件；放大器技术占比为 13%，数量为 1834 件；射频芯片技术占比为 12%，数量为 1693 件。而全球专利申请

中，排名前三的专利技术分支分别是存储器技术、多媒体芯片技术、射频芯片技术。由此也可以得出初步的结论，即广东省在集成电路设计领域的专利申请集中在上游集成电路应用技术，底层的芯片设计技术较少。另外，广东省在智能可穿戴芯片技术方面申请占比较高，说明广东省在前沿技术领域较为领先，这也与广东省近几年集成电路设计技术发展迅猛有关。从广东省的优势企业角度进行分析，广东省在集成电路设计领域技术研发实力较强的企业有华为、中兴、富士康，其中华为的海思集成电路设计部门在视频监控方面技术较为领先，华为、中兴两大公司在射频芯片技术方面也是全球领先。因此，总体来说，广东省的存储器领域相对全球有所落后，但是，得益于华为、中兴等公司在某些方面的强势地位，广东省在多媒体芯片、射频芯片技术领域较为领先。另外，广东省在新兴的技术领域（例如智能可穿戴芯片技术领域）也表现得较为活跃。

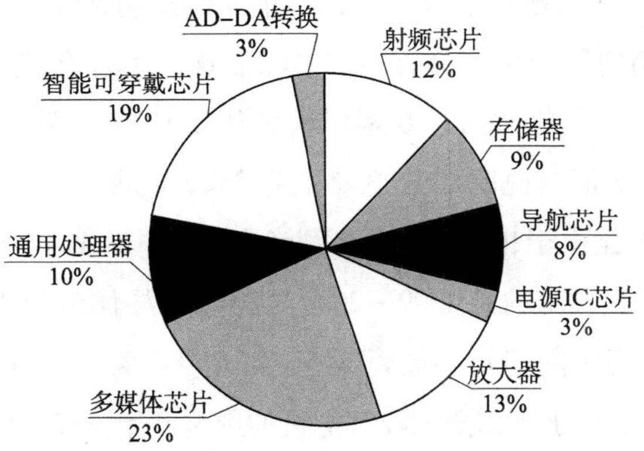

图 2-35 集成电路设计领域广东省专利申请技术分支分布

2.3.2 集成电路制造领域

截至 2021 年 6 月，检索到全球范围内涉及集成电路制造领域的专利申请共 679 102 项，其中中国专利申请 185 838 件。

图 2-36 反映了集成电路制造领域全球范围内的专利申请年份分布态势及全球半导体市场销售额的变化趋势。其中柱状图示出了集成电路制造领域专利申请量的变化情况。可以看出，全球集成电路制造领域专利申请可以分为萌芽期、成长期、稳定发展期三个阶段。

（1）萌芽期（1980年以前）

从1959年第一块小规模硅基集成电路发明以来，集成电路制造技术开始萌芽。随后集成电路制造领域专利申请也开始出现。在萌芽期，进入该领域的申请人缓慢增加，申请量有一定幅度增长。

（2）成长期（1981～2000年）

在一块集成电路上集成许多不同元件，其工作效能远比使用离散部件要高得多，激励工程师设计更复杂的电子电路，使得这一时期的专利申请量有了巨大的增长，年申请量总体呈快速上升的趋势。

（3）稳定发展期（2001年之后）

2001年之后，集成电路制造特征尺寸已经缩小为纳米级别，其工艺较之前更为复杂，制造成本也更高，因此，专利申请量增长有所放缓，但整体仍然呈现上升趋势。2008年的全球性经济危机，对集成电路制造领域也产生了不小的影响。由于集成电路的制造生产具有一定的滞后性，2009年制造领域的专利申请量才有所下降。经济危机过后，专利申请量从2012年之后呈现缓速增长之势，并在2017年达到峰值，说明集成电路制造领域又进入一个蓬勃发展的时期。2020～2021年的数据由于相当一部分专利尚未公开，数据不全。

图2－36中折线表示的是1999～2020年全球半导体市场销售额的变化趋势，全球半导体市场销售额在2001年显著下降，2002年开始回升并持续增长，于2007年达到小高峰，随后由于受到全球经济危机的影响开始下降，但在经济危机过后，销售额又开始快速增长。可见，全球专利申请量的变化趋势与市场波动密切相关。

图2－37反映的是集成电路制造领域全球专利申请技术来源国家/地区分布情况。可以看出，在集成电路制造领域的全球专利申请中，日本籍申请人申请量为265 222项，占比最高（为40%）；美国籍申请人申请量为157 759项，占比为24%；中国籍申请人申请量为126 889项，占比为19%；韩国籍申请人申请量为83 966项，占比为12%。可以看出，95%的相关全球专利申请被来自日本、美国、中国和韩国的申请人占有，说明该领域技术集中度非常高。其中，日本有东芝、NEC、富士通、日立、松下等众多优秀的集成电路制造企业，因此日本籍申请人是该领域最主要的申请人，其申请量占比高达40%，处于绝对领先地位。美国排名第二，中国排名第三。其中，中国台湾地区申请人（申请量为19 176项）在中国籍申请人总申请量中的占比为15.11%。台湾地区申请人申请量在中

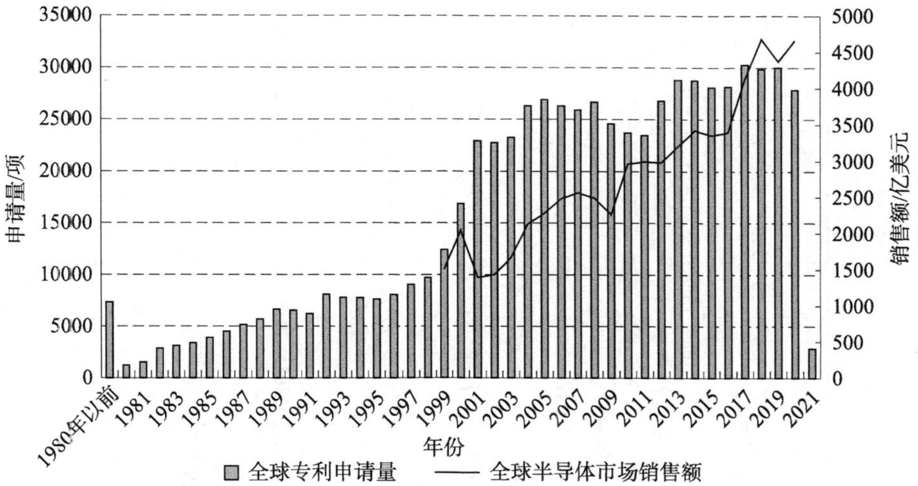

图 2－36 集成电路制造领域全球专利申请量及半导体市场销售额年份分布趋势

国集成电路制造专利申请中占据一个较大的比重，从侧面反映出台湾具有较为发达的集成电路制造产业。而韩国籍申请人以海力士、三星等公司为主，专利申请量排名第四，在该领域具有一定优势。

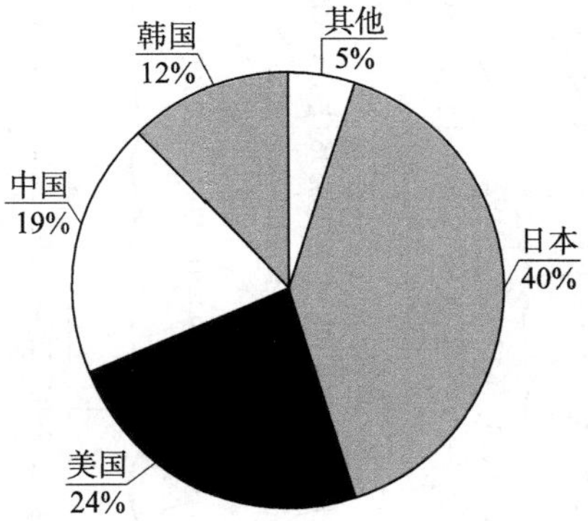

图 2－37 集成电路制造领域全球专利申请技术来源国家/地区分布

图 2－38 示出了来自日本、美国、中国、韩国和欧洲的申请人在集成电路制造领域的 1997 年以来专利申请量变化情况。可以看出，日本在集成电路制造领域的起步较早，一直是该领域最主要的技术来源国，说明日本在该领域的技术发展走在各国的前面。但也可以发现，日本的早期申请占比较大，2008 年之后申请量开始下降，说明日本近十年在制造领域的关注力度逐渐下降。美国在集成电路制造领域的发展也较早，其申请量在 2003 年之前基本上是持续增长并在 2005 年

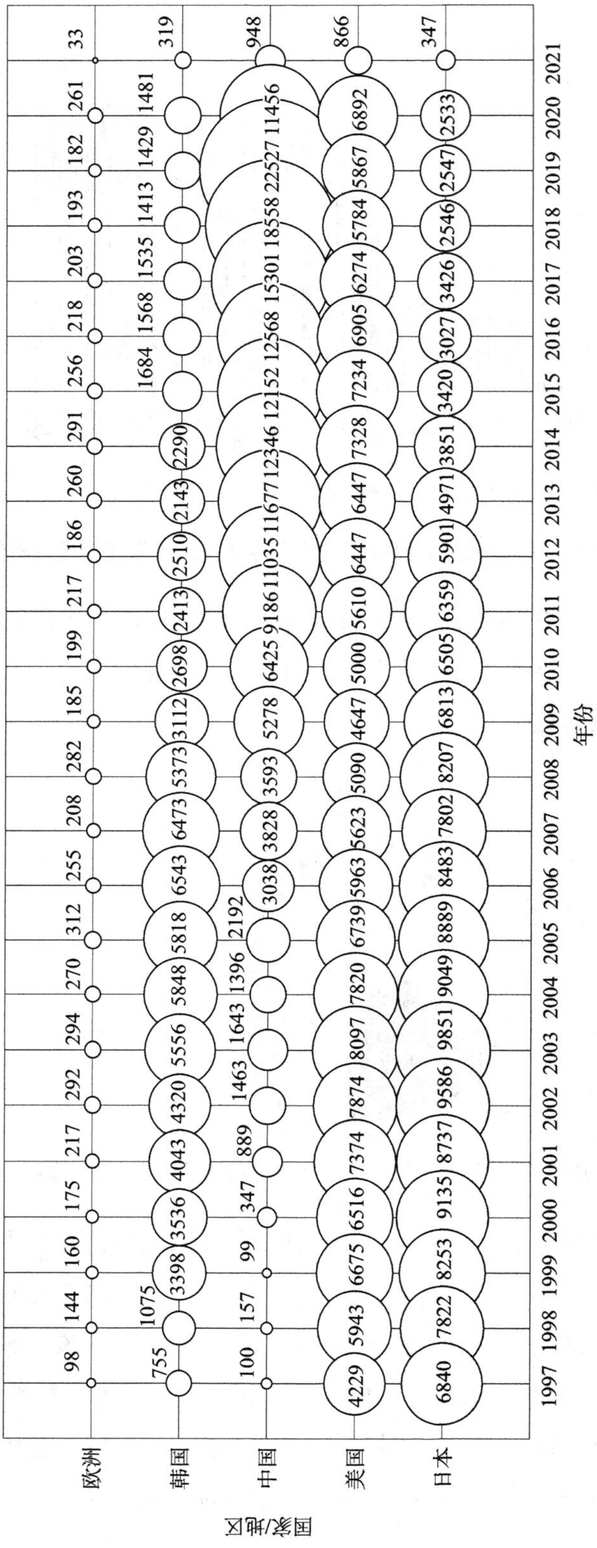

图2-38 集成电路制造领域全球专利申请技术来源国家/地区专利申请趋势对比

注：图中数字表示申请量，单位为项。

达到峰值，之后开始有所下降并趋于稳定，说明其对集成电路制造产业的投入逐步稳定。韩国在集成电路制造领域起步晚于日本和美国，但发展迅速，该国申请量从1995年开始增长并在2008年达到峰值，之后申请量有所下降。中国在集成电路制造领域发展较晚，从20世纪90年代初至今，专利申请量快速增长。值得注意的是，自2010年开始，中国籍申请人的专利申请量迅速增长，已超越韩国籍申请人的申请量，位居第一，说明中国虽然在该领域的研发较晚，但是申请量增速很快，符合当今中国在全球集成电路领域的大国定位。

图2-39示出了集成电路制造领域全球主要申请人排名前10位的分布情况，其中日本5个，中国2个，韩国2个，美国1个。日本不仅具有较多的半导体制造企业，同时也具有东芝、日立、松下等代表先进水平的知名半导体企业，可见日本在半导体制造业占据龙头地位，具有强大的制造能力，日本籍申请人在该领域具有明显的优势；排名第二位的三星为韩国籍申请人，其是全球知名的芯片生产和制造商，专利申请所涉及的制造技术领域较宽；排名第六位的台积电是全球最大的半导体制造企业之一，其专利申请所涉及的技术领域基本覆盖从半导体制造到封装的各个领域；排名第八位的中芯国际是中国大陆地区最大的半导体生产制造企业，其专利申请所涉及的技术领域较宽，覆盖测试设备、互连结构以及制造体等领域；排名第九位的IBM为美国公司，为全球知名的半导体公司，基本覆盖从集成电路设计、制造到封装的各个领域。

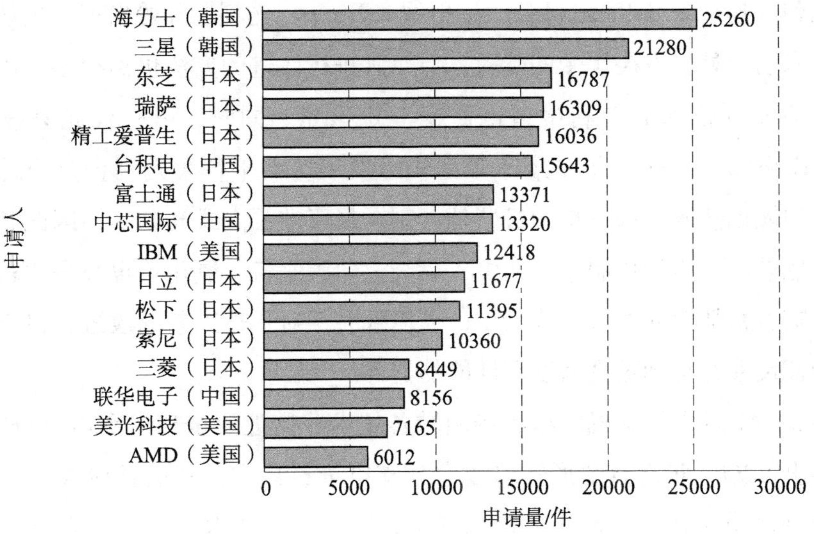

图2-39 集成电路制造领域全球主要申请人的申请量分布

图 2 −40 示出了集成电路制造领域全球专利申请技术分支分布情况。可以看出，图形转移技术占比最大，达到 44%。图形转移技术具体包括光刻技术和刻蚀技术两部分，其中光刻技术占比为 21%，刻蚀技术占比为 23%。

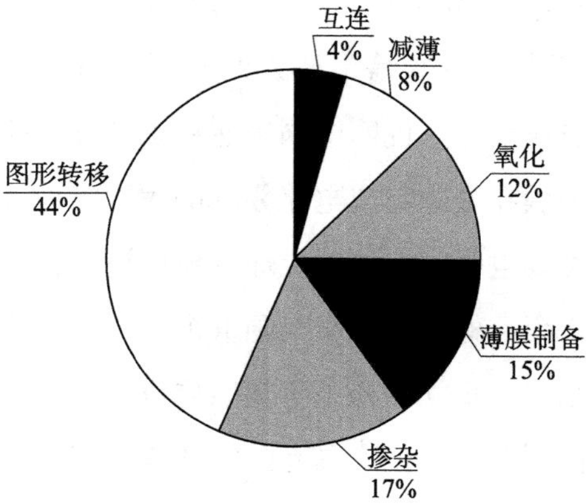

图 2 −40　集成电路制造领域全球专利申请技术分支分布

图形转移技术不仅起步较早，而且也是半导体制造技术中最为常用的技术。主流的半导体制造过程中，光刻是最复杂、最昂贵和关键的制造工艺，主要分为光学光刻和非光学光刻两大类。1961 年，光刻技术已经被用于在硅片上制造晶体管，当时的精度是 5μm。随后发展光学投影式光刻，主要包括涂胶/前烘、曝光、显影、后烘等。随着技术的发展、精度的缩小，极深紫外光刻（EUV）、电子束光刻（E-beam Lithography）、X 射线（X-ray）光刻也开始出现。虽然传统的光刻技术已经处于发展缓慢的阶段，但对其进行改进的方法仍然很多，因此，关于传统的光刻技术的专利申请也占据一定数量。同时，下一代光刻技术比如 EUV、E-beam、X-ray、纳米压印等也快速发展。由于各大光刻企业纷纷致力于研发新型光刻技术，如三星的极紫外光刻、尼康的浸入式光刻等，因此相关的专利申请也较多。半导体制造工艺中，掺杂、薄膜制备、氧化等也都是比较常用的技术，随着特征尺寸的进一步缩小，人们致力于对上述工艺的改进，以期实现更小的特征尺寸并得到更高密度和性能的器件。

图 2 −41 示出了集成电路制造领域各技术分支近年全球专利申请分布情况。可以看出，2007 年之后图形转移技术分支申请量最多，其次是掺杂，第三至六位依次是薄膜制备、减薄、氧化和互连，近年专利技术分支专利申请趋势与图 2 −40 所示的专利申请技术分支分布基本吻合。

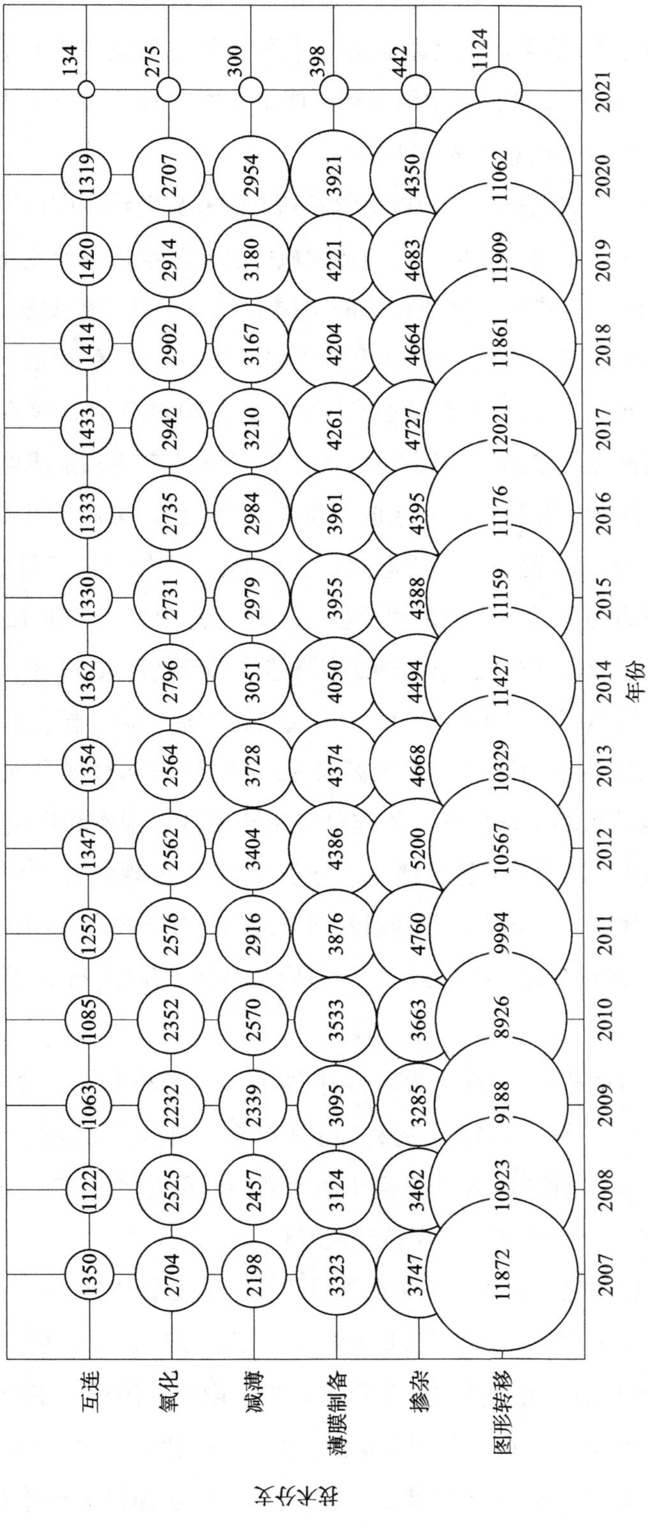

图2-41 集成电路制造领域各技术分支近年全球专利申请趋势对比

注：图中数字表示申请量，单位为项。

截至2021年6月，在中国专利检索与服务系统数据库中，经检索式检索与人工筛选，最终确定的涉及集成电路制造的中国专利申请量为178 516件。其中，国内专利申请101 308件，占中国专利申请总量的57%；国外来华专利申请77 208件，占中国专利申请总量的43%。

图2－42反映了集成电路制造领域中国专利申请量及半导体市场销售额年份分布趋势，其中柱状图示出了集成电路制造领域中国专利申请量的变化情况。从20世纪90年代开始，集成电路制造领域的中国专利申请量开始增长，“908工程”（无锡华晶项目）和“909工程”（上海华虹NEC项目）的建成，分别使我国拥有了第一条6英寸和第一条8英寸芯片生产线。2000年后，随着《鼓励软件产业和集成电路产业发展的若干政策》《关于鼓励软件产业和集成电路产业发展有关税收政策问题的通知》等鼓励集成电路制造产业的政策颁布以及中芯国际的成立、“909工程”的发展，集成电路制造领域中国专利申请量快速增长。2004年，中芯国际北京芯片生产线的建成投产则使中国拥有了首条12英寸芯片生产线。截至2007年底，国内已经有集成电路芯片制造企业近50家，拥有各类集成电路芯片生产线50条。2008～2009年集成电路制造领域中国专利申请量增速缓慢，其主要原因在于全球经济发展减缓及2008年国际金融危机。随后因2010年全球集成电路市场出现反弹，集成电路制造领域中国专利申请量于2010年出现攀升并在2011～2013年稳步增长，且于2017年出现攀升并保持稳定增长。可以看出，相比于全球集成电路制造专利申请年份分布趋势，中国专利申请量的变化趋势在近几年呈稳步增长态势，国内集成电路制造行业近几年发展迅速。

图2－42中的折线表示1997～2021年中国半导体市场销售额的变化趋势。该变化趋势与全球半导体市场销售额的趋势基本吻合。值得注意的是，全球半导体市场在2010年出现反弹之后从2011年开始呈现持续低迷的状态，而中国半导体市场销售额在2011～2021年依然保持较快增长的态势。

从图2－43可以看出，集成电路制造领域相关的中国专利申请中，国外来华申请量在总申请量中占比较大，且在2008年之前相较于国内申请量具有较大的优势。而从2008年开始，由于受到全球经济危机的影响，国外来华申请量明显下滑。而中国的技术发展较晚，受到政策激励和中芯国际、华虹等企业发展影响，国内申请量从2001年开始明显增长，在2009年首次超越国外来华申请量。

其主要原因在于，全球半导体市场在2010年出现反弹之后从2011年开始呈现持续低迷的状态，而中国半导体市场销售额依然保持较快增长的态势。

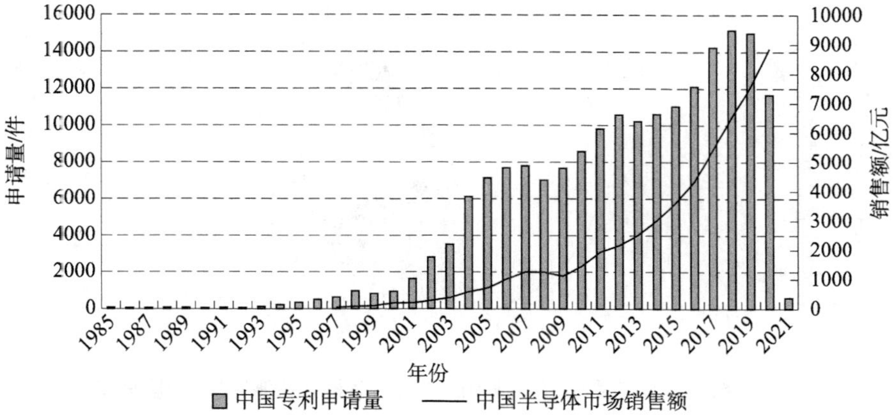

图2-42 集成电路制造领域中国专利申请量及半导体市场销售额年份分布趋势

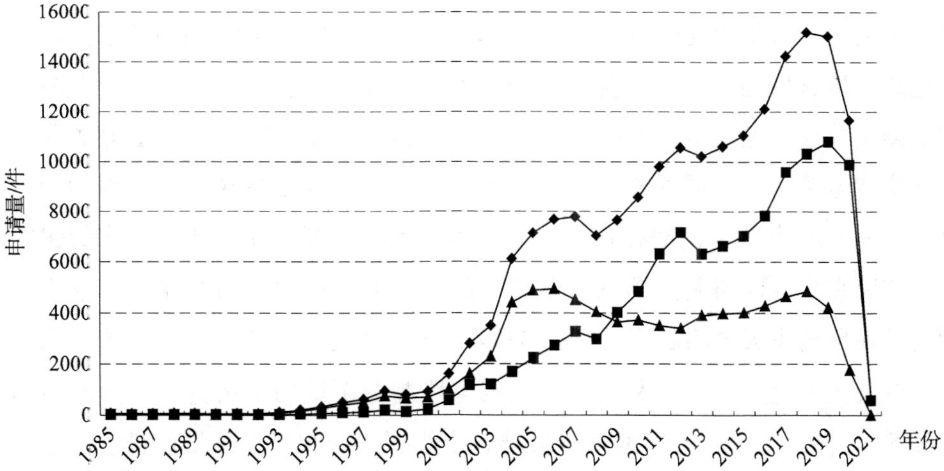

图2-43 集成电路制造领域中国专利申请总量、

国内申请量、国外来华申请量年份分布趋势

图2-44反映了集成电路制造领域中国专利申请技术来源国家/地区分布情况。总体来看，中国籍申请人申请量占比达到57%，主要是由于从2000年开始中国籍申请人的申请量迅速增长，在2009年申请量已经超越国外来华年申请量的总和。日本籍申请人一直关注中国市场，其申请量为28 101件，占总申请量的近16%；美国籍申请人很早就进入中国申请专利，申请量为29 256件，占比

约16%；韩国依靠该国的大公司如三星等国际知名企业的技术优势，在华专利申请量为9461件，占比约5%。

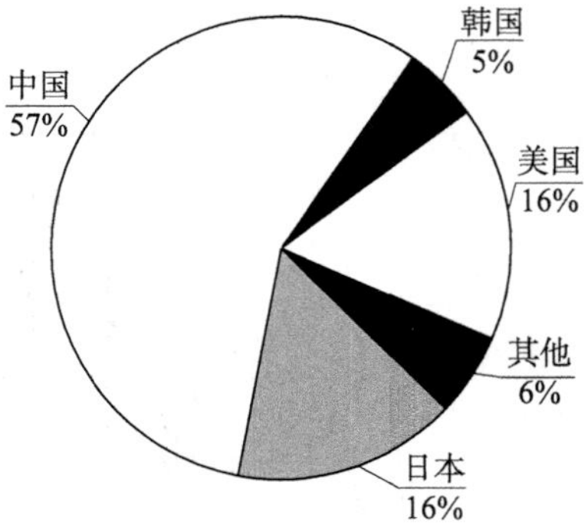

图2－44　集成电路制造领域中国专利申请技术来源国家/地区分布

图2－45示出了集成电路制造领域国内申请技术来源地区分布情况。可以看出，集成电路制造领域国内申请人地域分布比较集中，各地区之间申请量差距悬殊，主要申请人集中在台湾、江苏、广东、上海、北京、浙江等省份。上海在集成电路制造领域的专利申请量为30 638件，居于首位。这应该得益于上海的集成电路制造业发展较早，其拥有一大批优秀的大企业，如中芯国际、华虹等。台湾在集成电路制造领域的专利申请量为20 941件，居于次位。这是因为台湾在该领域发展起步较早，拥有日月光半导体、台积电等行业内技术领先的优秀企业。北京在集成电路制造领域的专利申请量为15 588件，排名第三。这主要是因为其在国内集成电路制造行业起步较早，拥有京东方、北大方正、中国科学院等一批院校和企业。江苏和广东在集成电路制造领域的申请量分别为和10 105件和5712件，在全国各省份申请量排名中位列第四和第五；虽然排名靠前，但总申请量相比于排名前两位的地区，差距已十分明显。之后的省份差距进一步拉大，申请量均未达到全国平均水平。

图2－46示出了集成电路制造领域中国专利申请主要申请人排名前10位的分布情况。其中，中国5个，日本2个，美国2个，韩国1个。一些全球的主要申请人也非常重视在中国进行专利布局，例如，日本的松下、富士通、日立，韩国的三星，德国的英飞凌和美国的IBM，均具有较多的在华申请。

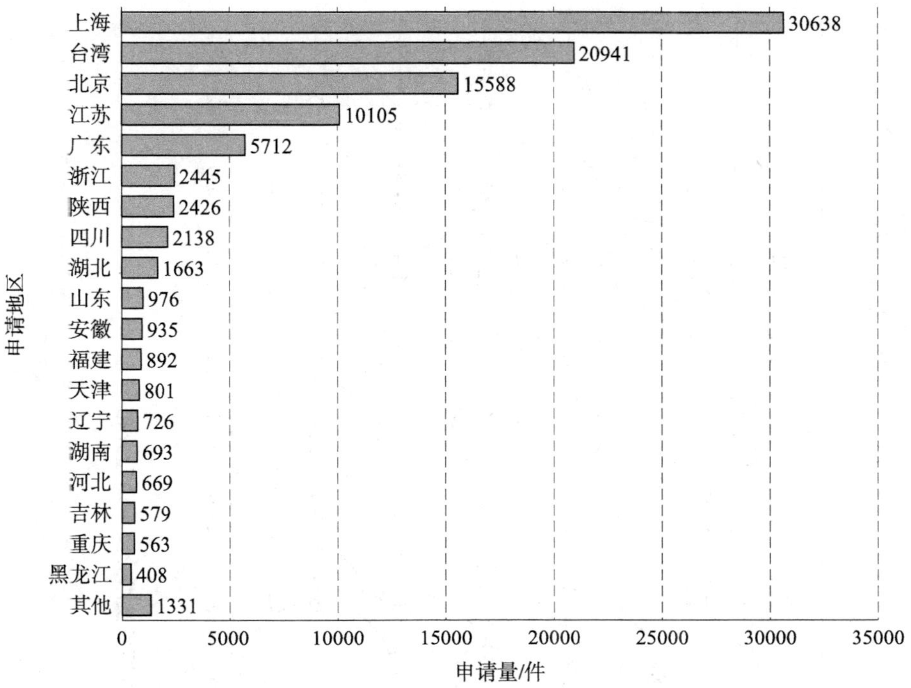

图 2－45　集成电路制造领域国内申请技术来源地区分布

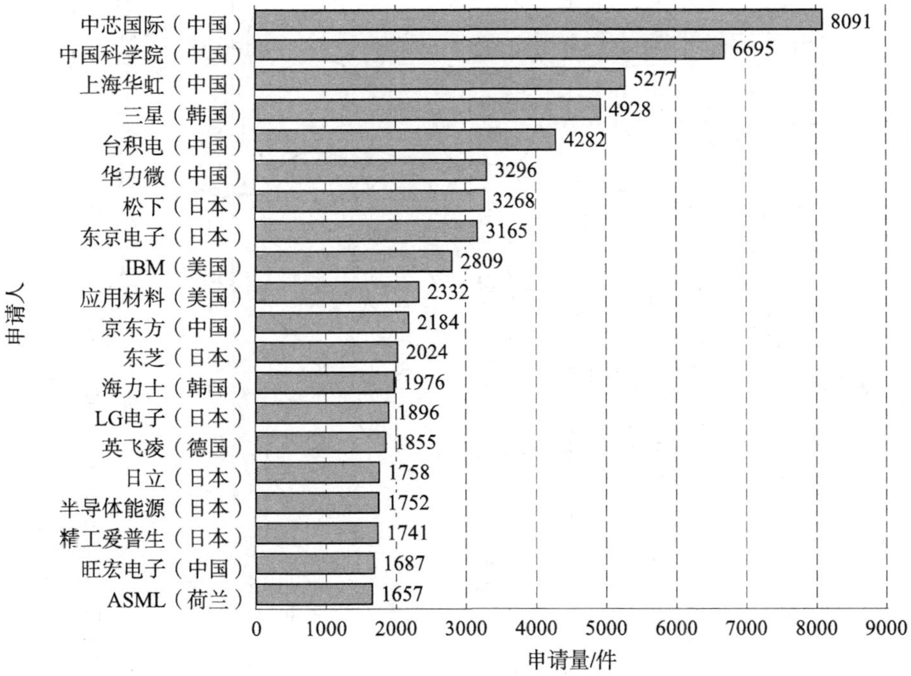

图 2－46　集成电路制造领域中国专利申请主要申请人的申请量分布

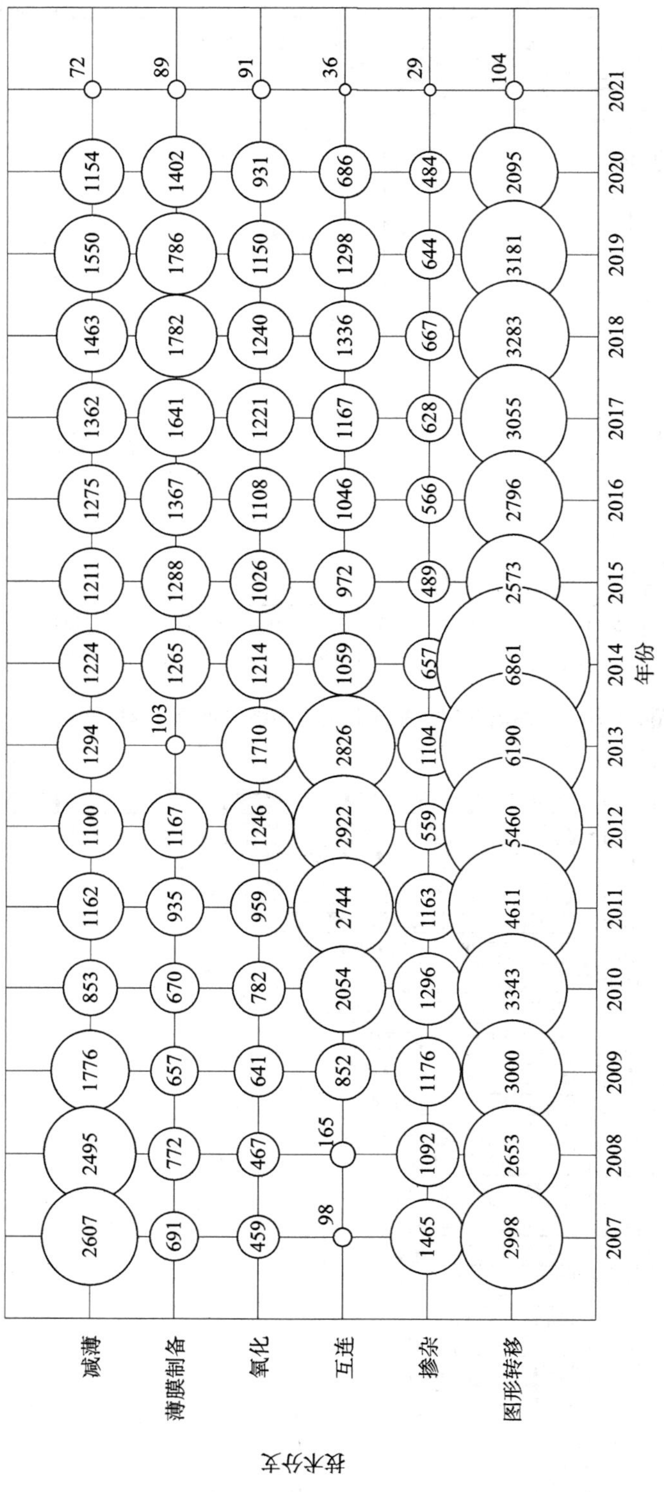

图 2-47　集成电路制造领域中国专利申请各技术分支申请量分布

注：图中数字表示申请量，单位为件。

随着集成电路特别是超大规模集成电路的发展，横向和纵向加工尺寸的等比例缩小，要求降低加工温度和进一步提高热氧化的二氧化硅层质量。硅热氧化工艺的改进和发展主要在于：①含氯氧化，即在氧化气氛中加入一定量的含氯气氛（如 HCl、C_2HCl_3 等），使二氧化硅质量和 Si-SiO_2 系统性能有很大提高；②高压氧化，使氧化在几个大气压到几十个大气压的氧化气氛中进行，从而可降低氧化温度（常用温度为 650℃ ~950℃，仍可保持高的氧化速率），减少氧化过程的诱生缺陷、应力和杂质再分布效应；③利用惰性气体稀释，降低 O_2、H_2O 的分压和氧化速率，借以精确控制二氧化硅的厚度，制备超薄（几十埃）的二氧化硅膜。此外，还有等离子氧化法，可使氧化温度降低到约 500℃以下。集成电路对热生长二氧化硅质量的要求很高，最重要的是要控制二氧化硅的针孔、二氧化硅中的可动电荷、Si-SiO_2 界面上以及二氧化硅中的固定电荷和陷阱，以及 Si-SiO_2 界面态密度等。

热生长二氧化硅的特点是，一些Ⅲ族、Ⅴ族元素（如硼、磷、砷、锑等）在二氧化硅中的扩散系数很小（1200 时，只有 10 ~ 15cm^2/s 的量级）。因而，二氧化硅薄层在集成电路制备中常被用作杂质选择扩散的掩蔽模和离子注入的掩模。二氧化硅又易于被氢氟酸腐蚀，而氢氟酸不腐蚀硅本身。利用这一特性，扩散掺杂、离子注入技术、光刻技术和各种薄膜淀积技术相结合，能制造出各种不同性能的半导体器件和不同功能的集成电路。

从图 2 –48 可以看出，在集成电路制造领域的中国专利申请中，发明占据主要地位，达到 96%，反映了国内申请人在该领域的关注度较高，研发力度较大；实用新型占比相对较小，仅占 4%。

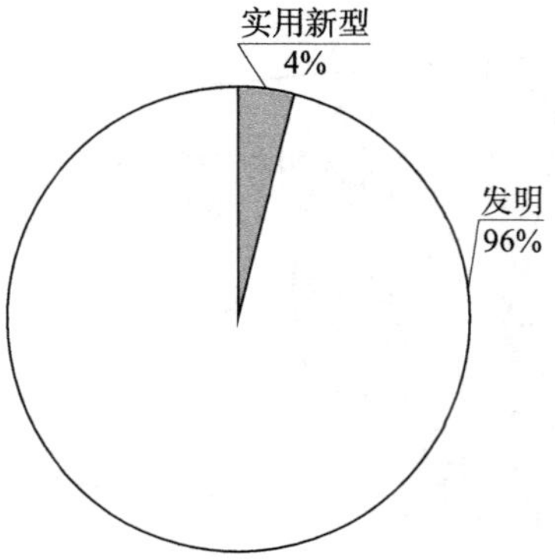

图 2 –48　集成电路制造领域中国专利申请类型分布

截至2021年6月，检索到集成电路制造领域广东专利申请共5712件。图2-49示出了集成电路制造领域广东专利申请量年份分布态势。可以看出，从21世纪初开始，集成电路制造领域广东专利申请量开始增长，2001~2011年，呈现快速增长态势，2012年小幅回落，后于2018年达到峰值。

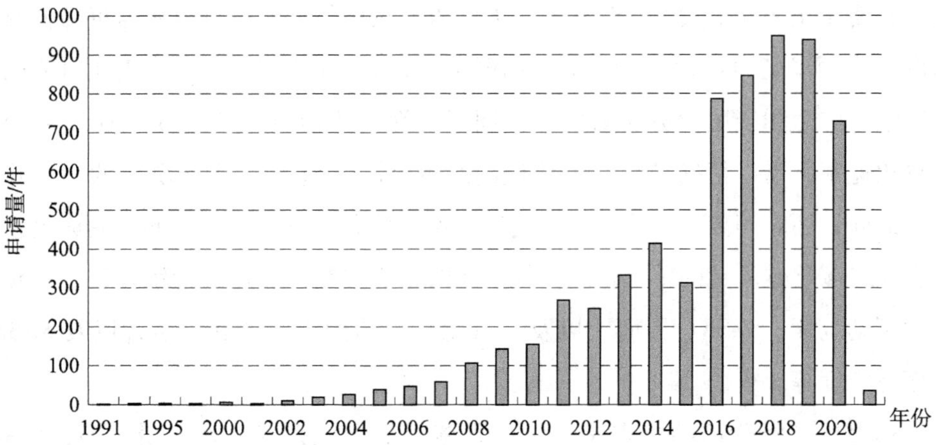

图2-49 集成电路制造领域广东专利申请量年份分布态势

图2-50示出了集成电路制造领域中国专利申请中国内申请、广东申请的申请量占比情况。可以看出，相对于国内申请的数量，广东省在集成电路制造领域的申请量总体上占比较少，这与广东省作为国内消费型电子、通信产品的最大生产基地这一地位是不符的。其原因在于：广东省内的一些大型企业主要以产品代工为主，依托外资企业已有的成熟技术进行生产制造，并不注重新技术、新产品的研发；而小型企业多从事中低端产品的生产制造，其技术相比于前沿新技术已相当成熟完善，创新比较困难。

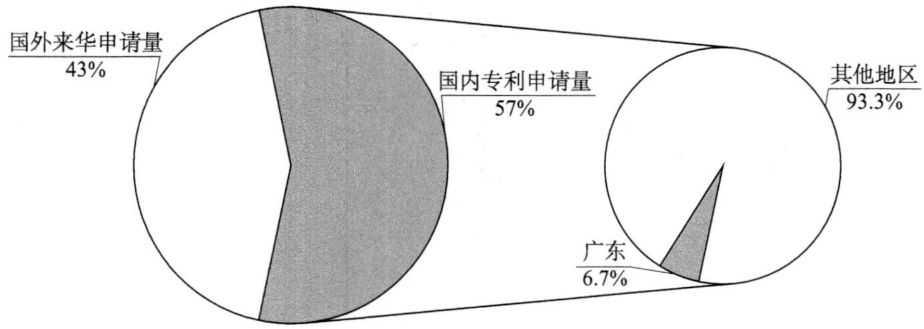

图2-50 集成电路制造领域国内申请量与广东专利申请量的对比情况

图 2-51 反映了集成电路制造领域广东省各地市专利申请分布情况。可以看出，深圳专利申请量占比最大，达到 55%。这是因为深圳作为改革开放的前沿城市，率先发展集成电路产业，汇聚了意法半导体（深圳）制造有限公司、富士康集团、方正微电子、深爱半导体等一批国内外知名的集成电路制造企业。广州作为广东省的省会城市，也具有一批实力不俗的集成电路制造企业，同时具有大量高校在进行集成电路制造方面的研究，例如中山大学、华南理工大学等，申请量占比为 18%。东莞号称“世界工厂”，制造业实力雄厚，拥有杰群电子、中控电子等一批具有较强技术实力的制造企业，在广东省专利申请中占比为 11%。另外，在佛山、珠海、惠州、中山等城市也有集成电路制造产业的分布。总体来看，广东省内的集成电路产业已具有一定的规模。

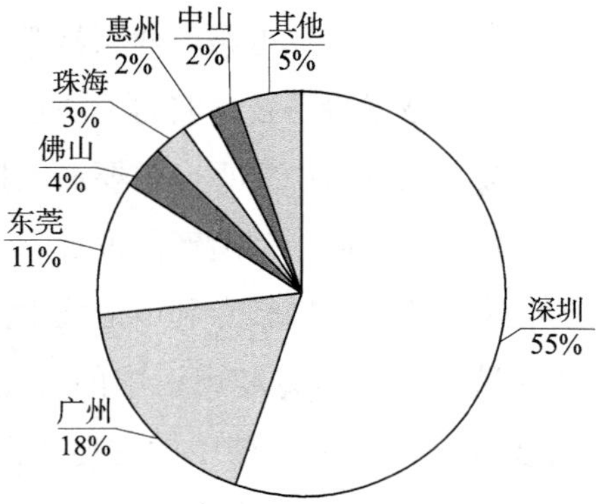

图 2-51 集成电路制造领域广东专利申请技术来源地区分布

图 2-52 示出了集成电路制造领域广东省主要申请人的申请量分布情况。可以看出，排名靠前的申请人包括企业、高校以及科研院所。其中，中山大学、华南理工大学、北京大学深圳研究生院是著名的高校/科研院所，专注于前沿技术的研究。排名第一的方正微电子的专利申请主要包括功率分立器件、功率集成电路等领域的晶圆制造技术。排名第三的比亚迪是汽车电子产业的知名企业，在集成电路制造领域的专利申请主要涉及功率器件的制造。排名第七位的华为是全球领先的信息与通信解决方案供应商，在集成电路制造领域的专利申请主要涉及芯片测试方面。深爱半导体主要致力于晶体管、MOS 器件、二极管等的研究，因此在省内专利申请量排名也较为靠前。

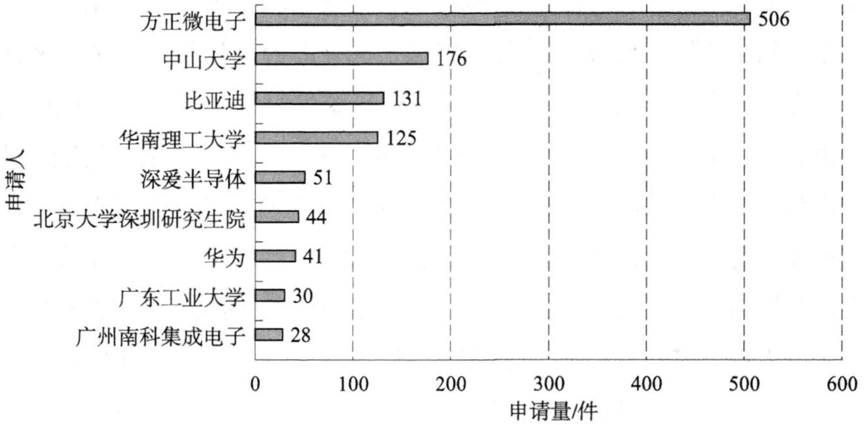

图 2－52　集成电路制造领域广东省主要申请人的申请量分布

需要注意的是，虽然广东省内的集成电路产业已具有一定的规模，但本土企业与外资企业相比，掌握的核心技术少，技术实力上还存在较大的差距，因此技术创新成为产业升级和可持续发展的重中之重，需要加大技术研发投入力度，在自身制造产品优势的基础上，重点向高端制造产品发展。

图 2－53 示出了集成电路制造领域广东专利申请技术分支分布情况。可以看出，氧化技术在集成电路制造领域广东专利申请中的占比为 38%，互连技术占比为 15%，高于各技术分支在全球专利申请中的占比。而图形转移（光刻）广东专利申请占比为 14%，低于全球该领域专利申请占比，从侧面反映出广东省在该工艺领域上与全球先进水平还存在一定差距。

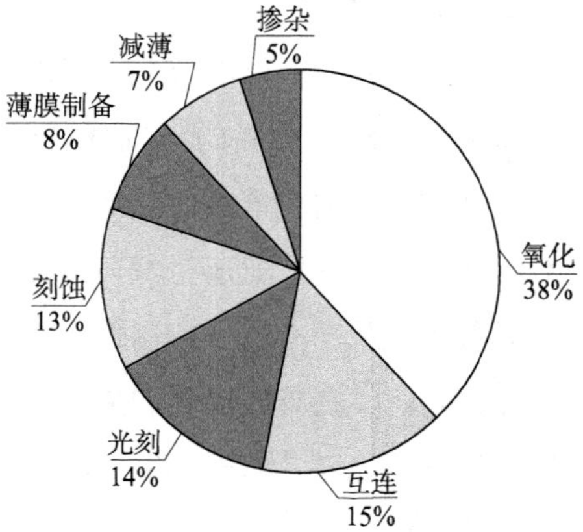

图 2－53　集成电路制造领域广东专利申请技术分支分布

2.3.3 集成电路封装领域

截至 2021 年 6 月，检索到全球范围内涉及集成电路封装领域的专利申请共 221 779 项，其中中国专利申请 63 441 件。

图 2－54 反映了集成电路封装领域全球专利申请量及全球半导体市场销售额年份分布态势，其中柱状图示出了集成电路封装领域专利申请量的变化情况。可以看出，1980～2001 年，集成电路封装领域的年申请量总体呈快速上升的趋势；从 2002 年开始，申请量增速放缓，在 2004 年之后申请量趋于稳定；2008～2009 年，由于受到全球经济危机的影响，申请量有所下降；之后全球申请量基本保持稳定，在 2013 年申请量回落之后，2014～2019 年申请量快速增长。2020 年以后由于部分申请未公开，因此申请量未完全体现。图 2－54 中折线表示的是 1999～2020 年全球半导体市场销售额的变化趋势。可以看出，全球半导体市场销售额在 2001 年显著下降，2002 年开始回升并持续增长，随后于 2008～2009 年再次出现负增长，并于 2010 年开始反弹。可见，集成电路封装领域全球专利申请量的变化趋势与全球半导体市场波动密切相关。

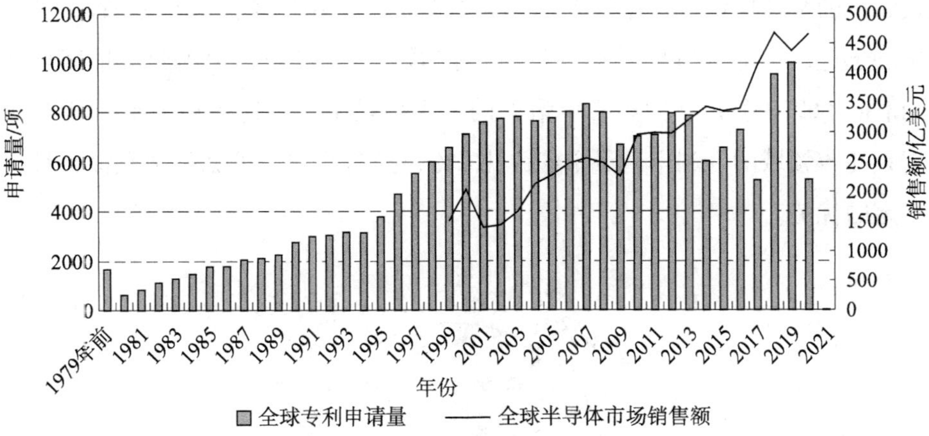

图 2－54　集成电路封装领域全球专利申请量及半导体市场销售额年代分布趋势

2000 年，由于互联网的兴起和集成电路制造企业过于乐观的投资，集成电路产业发展达到历史高峰，集成电路制造企业的资金充足，将大量资金投入到研发中，从而导致专利申请量在 2000～2002 年大幅快速增长。但从 2001 年开始，全世界经济发展减缓，半导体产业也受到巨大影响，各大集成电路制造企业纷纷缩减研发投入，从而导致专利申请量在 2003 年的增速放缓并在 2004 年出现负增长。2002 年上半年，全球半导体市场已经在亚太地区的带动下开始恢复增长，而全球的申请量也于 2005 年出现回升并于 2007 年达到峰值。但随着 2008 年国际金融危机的到来，半导体产业没有迎来预期的加速增长，全球市场销售额在 2008 ~2009 年再次出现负增长。2010 年全球半导体市场开始反弹，2011 年之后，全球半导体市场销售额表现出稳中有升的态势。半导体市场的变化对专利申请量也产生了巨大影响，集成电路封装领域全球专利申请量在 2008 ~2009 年出现下降。2009 年之后，集成电路封装领域全球专利申请量增速相对于全球半导体市场销售额增速放缓，是由于该领域技术日趋成熟和完善，而新技术的研发还处于起步阶段，因而申请量基本保持稳定，未出现大幅增长。随着新的封装技术进入快速发展期，2014 年至今全球申请量随之快速增长。

图 2 -55 反映的是集成电路封装领域全球专利申请技术来源国家/地区分布情况。可以看出，在集成电路封装领域的全球专利申请中，90% 被日本籍、美国籍、中国籍和韩国籍申请人占有，说明该领域技术集中度非常高。其中，日本籍申请人是该领域最主要的申请人，申请量位居全球首位，其占比高达 32%，可见在该领域日本具有明显优势。美国作为集成电路领域的传统大国，在集成电路封装领域的全球申请量占比为 27%，排名第二。而中国虽然在该领域起步较晚，但发展迅速，全球申请量占比为 24%，位居第三；其中，中国台湾地区申请人（申请量为 6970 项）在中国籍申请人的总申请量中的占比接近 13%。而韩国籍申请人在该领域的专利申请量全球占比 7%，排名第四，可见韩国在该领域也具有一定的优势。

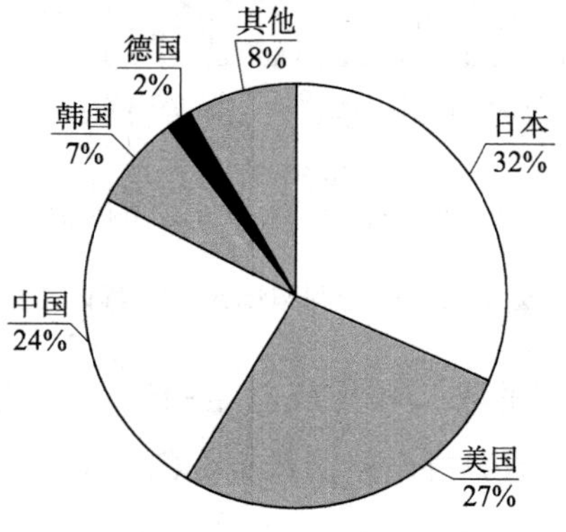

图 2 -55　集成电路封装领域全球专利申请技术来源国家/地区分布

图 2 -56 示出了集成电路封装领域全球专利申请主要技术来源国家/地区专

利申请的趋势。可以看出，日本在集成电路封装领域的起步较早，一直是该领域最主要的技术来源国，说明日本在该领域的技术发展走在各国的前面，专利申请趋势与全球专利申请趋势基本吻合。但也可以发现，日本的早期申请占比较大，而目前申请量出现下降，说明近期其对封装领域的关注力度逐渐下降。美国在集成电路封装领域的发展也较早，其申请量在2003年之前基本上持续增长，并在2003年达到了峰值，2004年之后开始有所下降并趋于稳定，说明其对集成电路封装产业的投入逐渐稳定。韩国在集成电路封装领域起步晚于日本和美国，但发展迅速，该国申请量从1995年开始增长并在2007年达到峰值，2008～2011年因受到全球经济形势的影响有所下降。中国在集成电路封装领域发展较晚，从20世纪90年代初至今，专利申请量快速增长。值得注意的是，自2010年开始，中国籍申请人的专利申请量迅速增长，已超越日本籍和美国籍申请人的申请量，位居第一，说明中国虽然在该领域的研发较晚，但是申请量增速很快，符合当今中国在全球集成电路领域的大国定位。

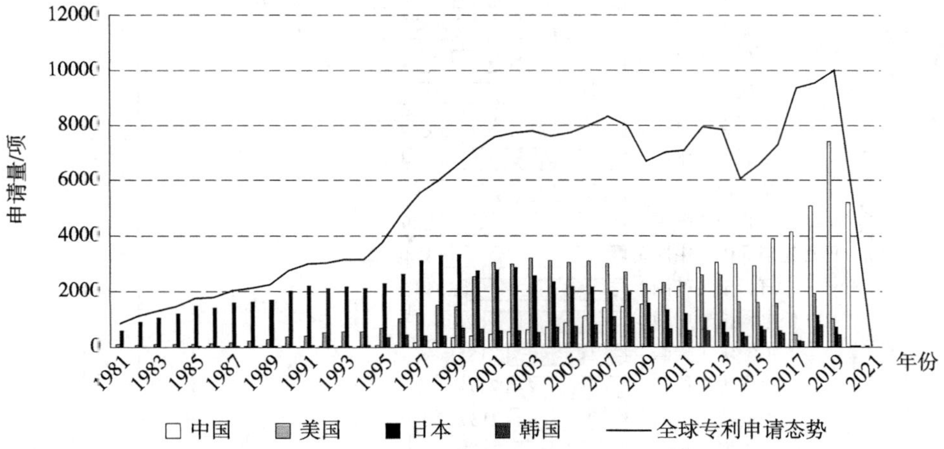

图2－56 集成电路封装领域全球专利申请主要技术来源国家/地区专利申请趋势

通过图2－57可以看出，集成电路封装领域全球专利申请排名前20位的申请人主要分布在日本、中国、美国、韩国和德国。其中，日本占10个，达到半数。NEC、东芝、日立、松下、三菱、富士通、索尼、瑞萨等企业也都是国际知名的大型企业，均具有强大的研发实力；京瓷株式会社是一家从事半导体零部件以及精密陶瓷零部件相关业务的企业，其专利申请主要涉及封装材料以及封装基板；精工爱普生是数码影像领域的全球领先企业。总体上看，日本籍申请人在该领域具有明显的优势。排在第一位的三星和第十一位的海力士均为韩国籍申请人，两者都是全球知名的芯片生产企业，专利申请所涉及的技术领域较宽，主要涉及3D封装以及焊球阵列封装（BGA）等方面。排在第七位的台积电和排在第十位的日月光半导体均为中国台湾企业，两者都是全球重要的半导体制造企业，其专利申请所涉及的技术领域基本覆盖从集成电路制造到封装的各个领域。排在第九位的IBM、第十五位的美光科技和第十八位的德州仪器均为美国公司，作为全球知名的半导体公司，其基本覆盖从集成电路设计、制造到封装的各个领域。排在第十四位的英飞凌是德国公司，其前身是西门子集团的半导体部门，在功率半导体器件的制造与封装领域具有优势。值得关注的是排在第十二位的长电科技，其是专业致力于半导体封装测试的企业，是中国内地半导体封测行业首家上市公司，其专利申请主要集中在BGA、CSP、3D TSV、WLP等领域。2015年，长电科技成功并购同行业的新加坡星科金朋公司，一跃进入国际半导体封测行业的第一梯队。

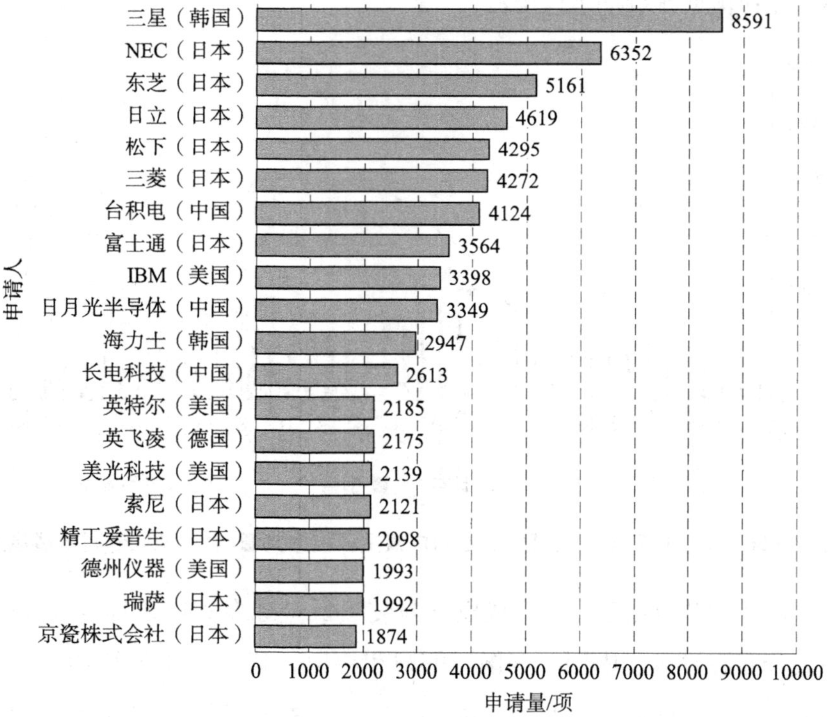

图2-57　集成电路封装领域全球主要申请人的申请量分布

图2-58示出了集成电路封装领域全球专利申请技术分支分布情况。可以看出，单芯片封装占比最大，达到40%。单芯片封装技术起步最早，已经历三个

发展阶段。第一阶段主要是通孔插装型封装，典型的封装形式有金属圆形封装（TO型）和双列直插封装（DIP）等。第二阶段主要是表面贴装型封装，典型的封装形式有塑料有引线片式载体封装（PLCC）、四边线扁平封装（QFP）、小外形封装（SOP）、无引线四边扁平封装（QFN）等，通过缩小引脚间距，封装密度得以提高。随着集成技术的进步、设备的改进和深亚微米技术的使用，芯片集成度不断提高，I/O引脚数急剧增加，为满足发展的需要，在原有封装方式的基础上，产生了第三代的封装形式——球状引脚栅格阵列封装（ball grid array，BGA）。BGA的引脚以圆形或柱状焊点按阵列形式分布在封装下面，可增加I/O引脚数和间距，消除QFP技术的高引脚数带来的生产成本和可靠性问题，因而得以迅速发展。

在封装体日益小型化、高密度的发展趋势下，单芯片封装技术进一步发展，基于BGA技术产生了圆片级封装（WLP）、芯片尺寸封装（CSP）等封装形式。CSP与BGA结构基本一致，只是锡球直径和球间距缩小了，这样在相同封装尺寸下可有更多的I/O引脚数，使得封装密度进一步提高。目前，BGA、CSP、WLP等封装技术仍然是各大企业研发的重点和热点。

封装芯片的可靠性对产品的应用起到至关重要的作用，因而对封装芯片的电学性能、机械强度以及耐久性的测试方法进行改进一直是各大企业研究的重点。而围绕着封装芯片的测试，也产生了大量的关于测试设备的专利申请，因而封装测试领域专利申请量占比达到了30%。

多芯片封装领域专利申请量占比为13%。由于集成电路封装技术日益向短、小、轻、薄、高密度、高性能、低高度、系统化、集成化发展，将多个芯片集成封装在一个基板上是目前研发的重点和热点之一，因此该领域未来的发展潜力依然巨大。

集成电路封装基板起到在芯片与常规印刷电路板不同线路之间提供电气连接同时为芯片提供保护与支撑的作用，为了满足高密度、小型化的封装需求，封装基板也朝着三维立体布线、微细图形、微小间距孔径和多层薄型化方向发展，因而封装基板领域的专利申请量占比达到12%。

封装体散热技术的专利申请量占比达到5%，其原因在于封装芯片在工作过程中会产生热量，尤其是汽车电子等大功率应用环境，过多的热量积聚会严重影响芯片的可靠性，甚至烧毁芯片。封装体散热领域涉及将封装体所产生的热量传导或散发出去而采用的各种方法和结构。

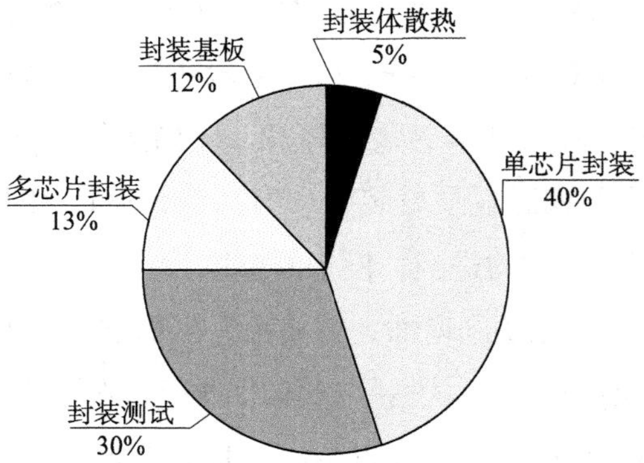

图 2-58 集成电路封装领域全球专利申请技术分支分布

截至 2021 年 6 月，在中国专利检索与服务系统数据库中，经检索式检索与人工筛选，最终确定的涉及集成电路封装的中国专利申请为 63 441 件。其中，国内专利申请 43 783 件，占全部申请总量的 69%；国外来华专利申请19 658件，占全部申请总量的 31%。

图 2-59 反映了集成电路封装领域中国专利申请量及半导体市场销售额年份分布趋势，其中柱状图示出了集成电路封装领域中国专利申请量年份变化趋势。20 世纪 90 年代初，集成电路封装领域开始在国内起步，中国专利申请量开始增长；1999~2006 年，随着国内对集成电路封装行业的重视以及研发投入的增加，申请量快速增长；2007~2009 年，申请量增长速度停滞，其主要原因在于全球经济发展减缓及 2008 年的国际金融危机；2010~2014 年，随着消费类电子产品的兴起，集成电路封装领域又迎来一次快速增长的时机，而中国专利申请量和半导体市场销售额趋势完全吻合，增速迅猛；2014~2019 年，申请量虽呈一定波动式变化，但整体趋势是上升；虽然 2020 年的专利申请数据由于部分还未公开而不全，但总体上来看，申请量的增长趋势较明显，说明中国在该领域的关注力度、投入力度都较大，相比于全球集成电路封装领域专利申请年份分布趋势，中国专利申请量的变化趋势在近几年增长速度较快，国内集成电路封装行业近几年发展迅速。

图 2-59 中折线表示的为 1997~2020 年中国半导体市场销售额的变化趋势，该变化趋势与全球半导体市场销售额的趋势基本吻合。值得注意的是，全球半导体市场在 2010 年出现反弹之后从 2011 年开始增速放缓，而中国半导体市场销售额在 2011~2020 年依然保持较快增长的态势。

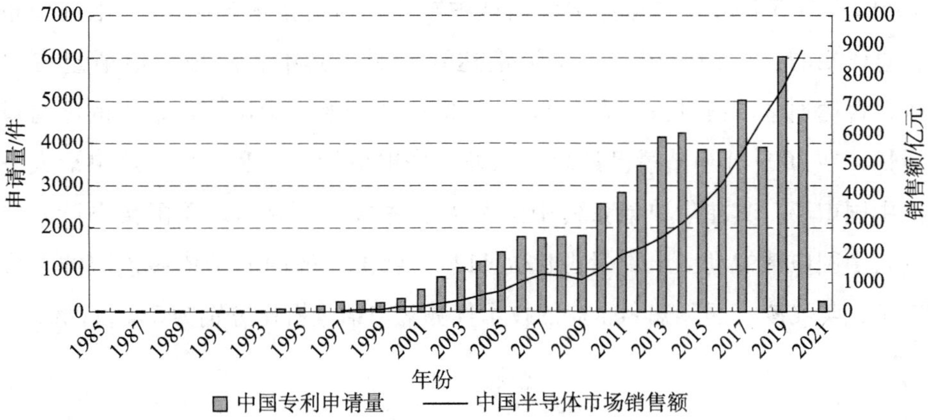

图 2-59 集成电路封装领域中国专利申请量及半导体市场销售额年代分布趋势

集成电路封装领域相关的中国专利申请中，国内专利申请占全部申请总量的 69%，国外来华专利申请占全部申请总量的 31%。从图 2-60 可以看出，国外来华申请量在中国专利申请总量中占比较大，且在 2008 年之前相较于国内申请量具有较大的优势。国外来华申请在 2006～2019 年的申请量增速放缓并处于平稳状态，说明处于技术成熟期，申请量稳定。而中国的技术发展较晚，国内申请从 2001 年开始明显增长，在 2009 年首次超越国外来华申请量，并在之后成为中国专利申请的主要力量。其主要原因在于，国内集成电路封装产业正处于研发阶段，申请量快速增长。

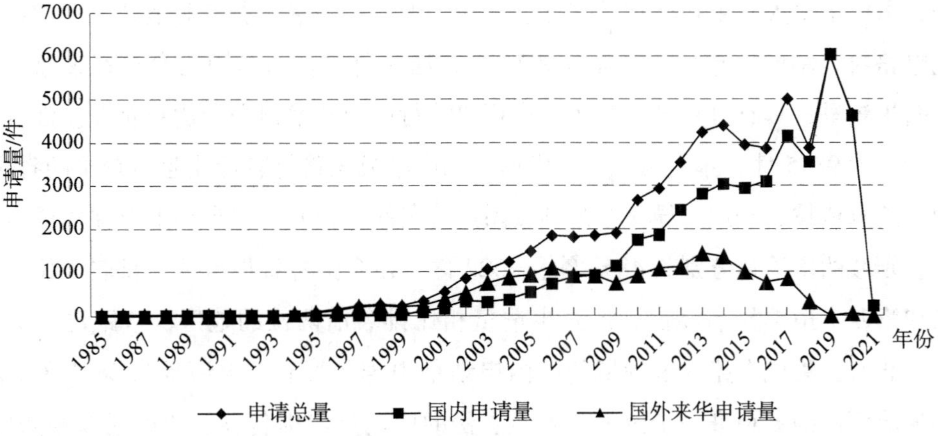

图 2-60 集成电路封装领域中国专利申请总量、国内申请量、国外来华申请量年份分布趋势

图2－61反映了集成电路封装领域中国专利申请技术来源国家/地区分布情况。总体来看，中国籍申请人申请量达到65%，其中大陆地区申请量占比为54%，台湾地区申请量占比为11%。从2004年开始，中国籍申请人的申请量迅速增长，在2009年申请量已经超越国外来华申请量的总和。日本籍申请人一直关注中国市场，其在华申请量占中国专利申请总量的14%。美国籍申请人很早就进入中国申请专利，申请量占比为11%。韩国与德国分别依靠该国的大公司如三星、英飞凌等国际知名企业的技术优势，申请量占比分别为5%和2%。

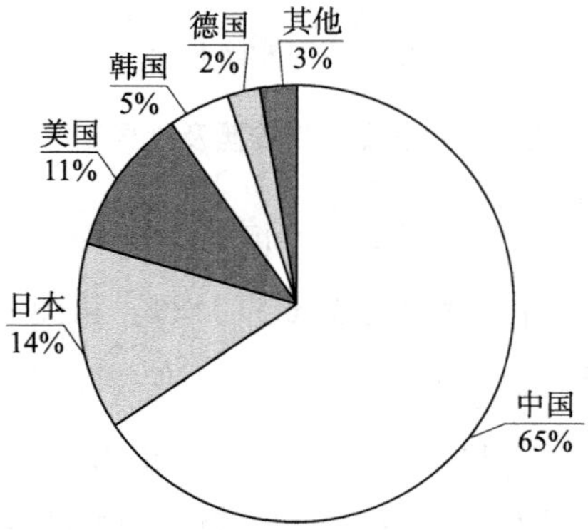

图2－61　集成电路封装领域中国专利申请技术来源国家/地区分布

图2－62示出了集成电路封装领域国内专利申请技术来源地区分布情况。可以看出，集成电路封装领域在国内地域分布比较集中，各地区之间申请量差距悬殊，主要申请人集中在台湾、江苏、广东、上海、北京、浙江等地区。台湾在集成电路封装领域的专利申请量为9971件，居于首位。这是因为台湾在该领域发展起步较早，具有日月光半导体、台积电等行业内技术领先的优秀企业。江苏的申请量为9855件，排名第二。该省属于国内集成电路封装行业起步较早的省份，拥有长电科技、华进半导体等该领域国内知名的大企业。广东和上海在集成电路封装领域的申请量分别为4853件和4522件，在全国各省份申请量排名中位列第三和第四，虽然排名靠前，但总申请量相比排名前两位的地区，差距已十分明显。北京在集成电路封装领域的国内申请量中排名第五，申请量为2875件，与排名前两位的差距进一步拉大。其他省份的申请量与排名靠前的地区差距悬殊，申请量均未达到全国平均水平。

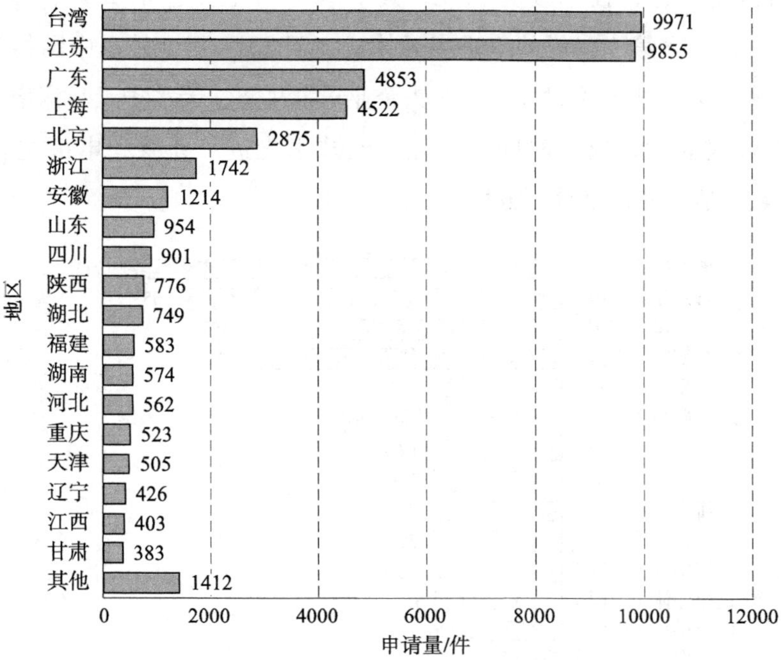

图 2－62　集成电路封装领域国内专利申请技术来源地区分布

图 2－63 示出了集成电路封装领域中国专利申请主要申请人排名前 20 位的分布情况。其中，中国 9 个，日本 7 个，韩国 1 个，德国 1 个，美国 2 个。一些全球专利主要申请人也非常重视在中国进行专利布局，例如，日本的松下、富士通、日立，韩国的三星，德国的英飞凌和美国的英特尔，均具有较多的在华申请。

与集成电路封装领域全球专利主要申请人相比，上述排名分布中增加的主要是中国籍申请人。这主要是因为部分国外申请人并不重视在中国的专利布局，在中国的专利申请量较少。长电科技在集成电路封装领域中国专利主要申请人排名中位列第一，申请量具有明显的优势。排名第七位的中芯国际是中国大陆地区最大的半导体生产制造企业，其专利申请所涉及的技术领域较宽，覆盖测试设备、互连结构以及封装体等领域。矽品、南茂科技以及威盛电子是中国台湾地区的半导体制造企业，技术较为先进，其专利申请主要集中在 3D 封装、BGA 以及 CSP 封装类型上。排名第十一位的英特尔主要研发重点在微处理器技术上，因此该公司在集成电路封装领域的专利申请主要集中在微处理器的封装方面。排名第十六位的天水华天是中国大陆地区成立较早的专业集成电路封装企业，其不断研究开发新产品与新工艺，技术较为领先，其专利申请主要包括 BGA、MCM、SiP、TSV 等方面。排名第十二位的华进半导体成立于 2012 年，是由中国科学院微电子研究所和国内集成电路封装测试龙头企业长电科技、天水华天、深南电路等公司共同投资建立的，成立时间虽然短，但技术先进，其专利申请主要集中在 TSV、凸点制造、芯片堆叠等方面。

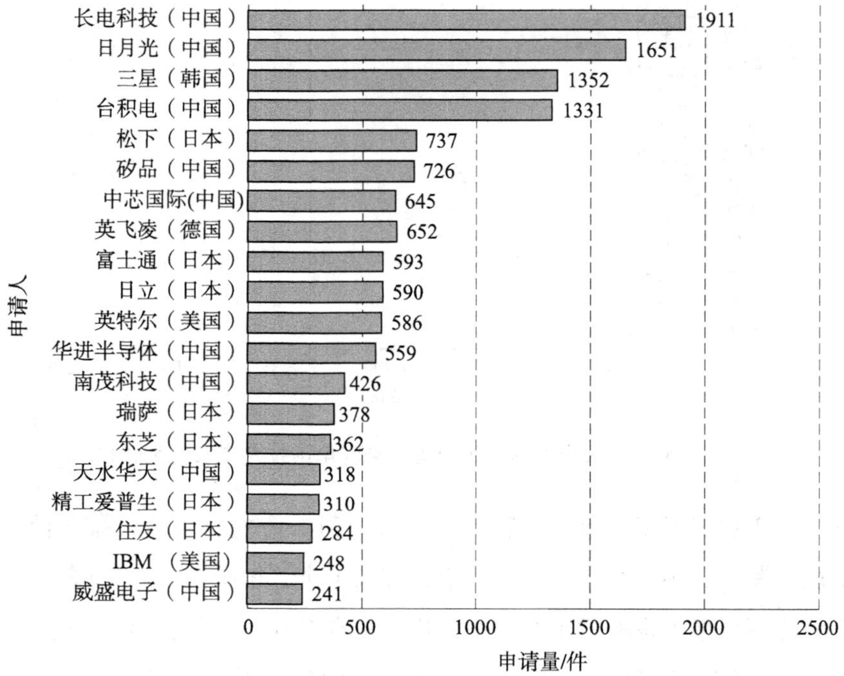

图 2－63　集成电路封装领域中国专利主要申请人的申请量分布

图 2－64 示出了集成电路封装领域中国专利申请技术分支分布情况。可以看出，单芯片封装技术在国内集成电路封装领域中占据主要地位，占比达到 47%，高于该技术分支全球专利申请占比。目前该技术分支中的 BGA、CSP、WLP 等先进封装技术应用广泛，仍然是各大厂商研发的重点。多芯片封装技术是集成电路封装领域的研发重点和热点，具有巨大的发展潜力，该领域专利申请占比为 17%，高于全球占比。封装基板领域专利申请占比为 9%，封装体散热技术专利申请占比为 6%，基本与全球水平持平；而封装测试领域专利申请占比为 21%，低于全球占比，这也从侧面反映出国内封装测试设备制造等领域的研发力度还需要进一步加强。

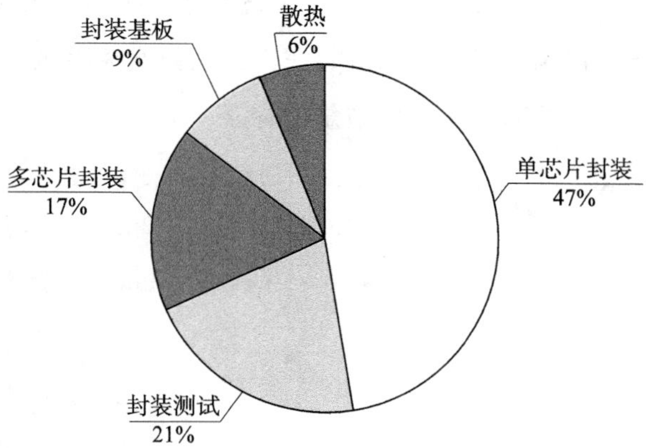

图 2－64　集成电路封装领域中国专利申请技术分支分布

从图 2－65 可以看出，在集成电路封装领域中国专利申请类型分布中，发明占据主要地位，占比为 78.8%；实用新型占比相对较小，占比为 21.2%。

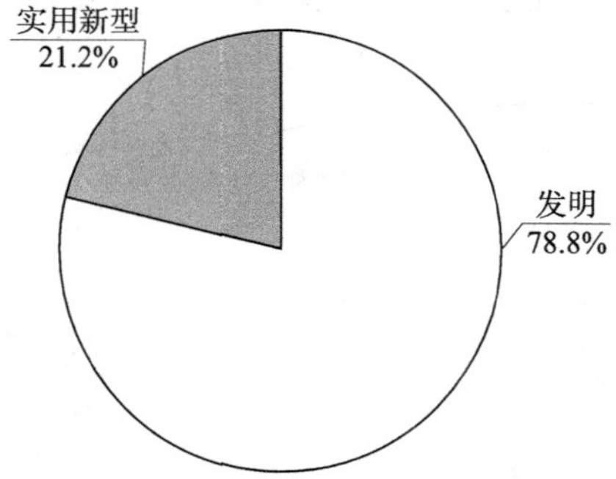

图 2－65　集成电路封装领域中国专利申请类型分布

图 2－66 示出了集成电路封装领域广东专利申请量年份分布态势。可以看出，从 21 世纪初开始，集成电路封装领域广东专利申请量开始增长，2001～2011 年呈现快速增长态势，2012 年小幅回落后于 2013 年达到一个峰值；而在 2013 年之后，申请量呈平稳的态势，并在 2016 年再次出现大幅增长。

图 2－67 给出了集成电路封装领域国内申请与广东省申请占比分布的对比情况。可以看出，相对于国内申请的总量，广东省集成电路封装领域的申请量总体上还处于较低水平，在国内申请的总申请量中仅占 12.5%。这与广东省作为国内消费型电子、通信产品的最大生产基地这一地位是不符的。其原因在于：广东省内的一些大型企业以产品代工为主，依托外资企业已有的成熟技术进行生产制

造，并不注重新技术新产品的研发；而小型的企业多从事中低端产品的生产制造，其技术相比于前沿新技术已相当成熟完善，创新比较困难。因此，广东省集成电路封装领域申请量相对于国内申请量偏少。

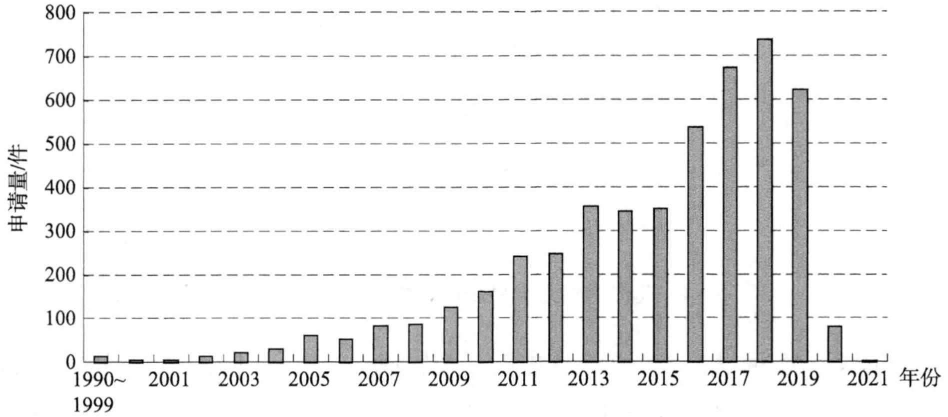

图 2-66　集成电路封装领域广东专利申请量年份分布态势

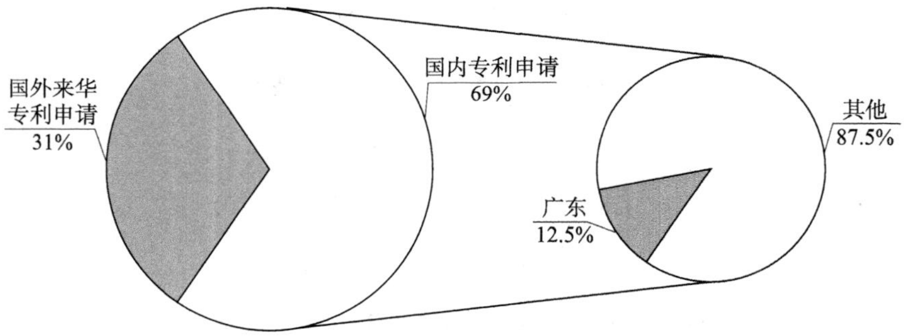

图 2-67　集成电路封装领域国内申请与广东专利申请占比分布对比

图 2-68 反映了集成电路封装领域广东专利申请技术来源地区分布情况。总体来看，广东省内的集成电路产业分布比较集中，主要在深圳、东莞、广州几个城市。深圳专利申请量占比最大，达到 53%。这是因为深圳作为改革开放的前沿城市，率先发展集成电路产业，汇聚意法半导体（深圳）制造有限公司、富士康、方正微电子、深爱半导体等一批国内外知名的企业。东莞号称“世界工厂”，制造业实力雄厚，拥有杰群电子、中控电子等一批具有较强技术实力的封装企业，在广东省专利申请中占比为 15%。广州作为广东省的省会城市，也具有一批实力不俗的集成电路封装企业，例如广东风华芯电、兴森快捷电路等企

业，申请量占比为10%。另外，在佛山、珠海、惠州、中山等城市也有集成电路封装产业的分布。

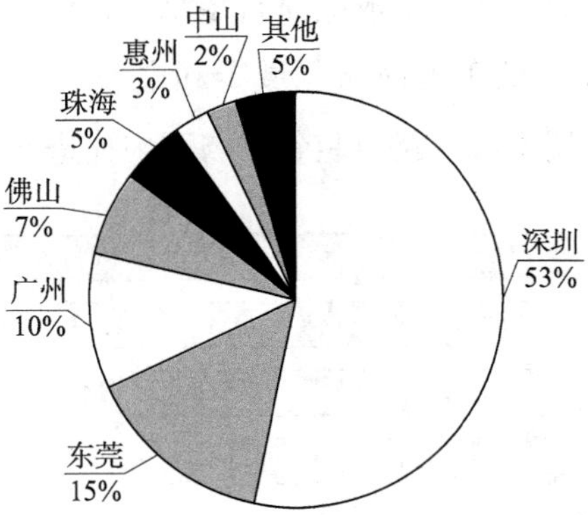

图2-68 集成电路封装领域广东专利申请技术来源地区分布

图2-69示出了集成电路封装领域广东省主要申请人的申请量分布情况。可以看出，排名靠前的申请人包括企业、高校以及科研院所，其中排名第九位的华南理工大学是著名的高校，专注于前沿技术的研究。排名第一位的华为是全球领先的信息与通信解决方案供应商，在集成电路封装领域的专利申请主要涉及芯片测试方面。排名第二位的富士康是大型的3C产品研发制造企业，在集成电路封装领域的专利申请主要涉及引线、互连、基板等方面。排名第三位的气派科技以及排名第四位的杰群电子均为专业从事集成电路封装的企业，其专利申请主要涉及扁平封装、引线框架等领域。排名第五位的华星光电和排名第十位的国星光电是显示/发光器件生产商，其专利申请主要包括阵列基板、发光器件的封装。排名第六位的比亚迪是汽车电子产业的知名企业，在集成电路封装领域的专利申请主要涉及功率器件的封装。排名第七位的深南电路是PCB电路板供应商，在封装基板领域有一定的技术优势。排名第八位的珠海欧比特是嵌入式芯片及系统集成供应商，其专利申请主要涉及芯片引脚互连等方面。

需要注意的是，虽然广东省内的集成电路产业已具有一定的规模，但本土企业与外资企业相比，掌握的核心技术少，技术实力上还存在较大的差距，因此技术创新成为产业升级和可持续发展的重中之重，需要加大技术研发投入力度，在自身封装产品优势的基础上，重点向高端封装产品发展。

图2-70示出了集成电路封装领域广东专利申请技术分支分布情况。可以看出，单芯片封装技术在广东封装领域中占比为42%，散热占比为6%，基本与两

者在国内专利申请中占比（6%）持平。封装测试领域占比为27%，封装基板占比为13%，高于该领域国内专利申请占比，这主要是由于广东省存在工业和信息化部电子第五研究所等专注于集成电路封装测试领域的企业和科研院所。而多芯片封装占比仅为12%，低于国内该领域专利申请占比，从侧面反映出广东省在高密度、系统化的高端集成电路封装领域与国内先进水平还存在一定差距。

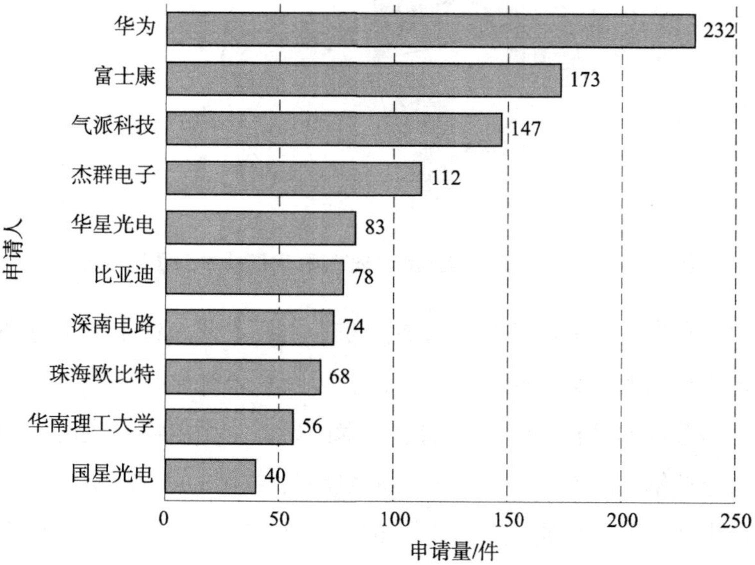

图2－69　集成电路封装领域广东省主要申请人的申请量分布

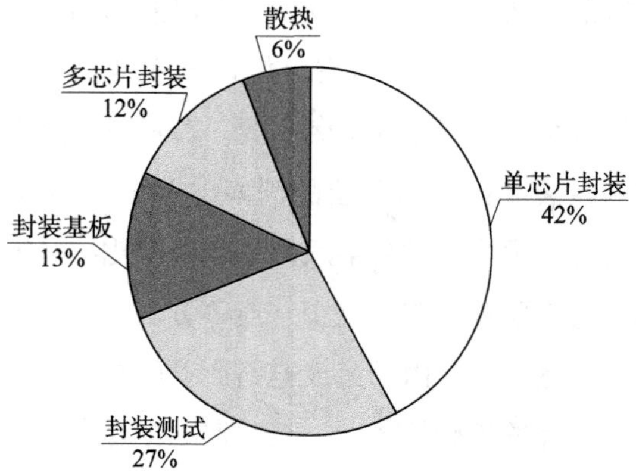

图2－70　集成电路封装领域广东专利申请技术分支分布

2.4 存在的问题、机遇及挑战

近年来广东省已初步形成包括设计、制造、封装的集成电路产业链，集成电路领域广东专利申请总量为28 771件，在全国排名第四。其中，集成电路设计领域申请量为18 206件，在全国排名第一；集成电路制造领域申请量为5712件，全国排名第五；集成电路封装领域申请量为4853件，在全国排名第三。

广东省在集成电路各产业环节的发展程度不尽相同，在集成电路的设计方面发展较有优势，涌现了如华为、中兴等一大批优秀企业，集成电路设计领域专利申请量占全省集成电路专利申请总量的63%；而在集成电路的制造和封装方面相对薄弱，产业还有待升级、更新。在集成电路制造方面，广东省目前还缺乏技术领先的企业，在广东省申请量排名第一的方正微电子的专利申请量（506件）相对于国内主要申请人（例如中芯国际的专利申请量为3320件）而言仍然具有较大差距，其技术水平仍不能满足省内优秀设计企业的需求。例如，华为的麒麟芯片虽然是华为设计，但其制造、封装需要由台积电来完成，广东省目前仍没有能够满足高端芯片制造要求的企业。在集成电路封装方面，广东省专利申请量虽然仅次于台湾和江苏，但在数量上还具有一定差距；省内封装企业以中小企业为主，企业规模小、专利申请数量少，且较为分散，掌握的核心技术少，技术实力上还存在较大的差距。

集成电路领域发展的不平衡不仅会造成竞争力的下降，也不利于产业的聚集、技术的更新换代和对领域人才的吸引。因此，在政府层面，除了要继续保持省内集成电路设计的整体优势，还需要积极推动集成电路制造和封装环节的发展，促进集成电路产业链各环节相互支撑、协调发展，形成良性发展的集成电路产业链。

广东省对于集成电路设计产业的技术发展非常重视，从政策的引导到产学研结合的发展，再到研究人才、生产基地的发展和落实，都极大地促进了集成电路技术的发展，提高了广东省企业的竞争实力。同时，专利技术的保驾护航促进了广东省企业技术的飞速发展，快速增加了企业竞争的实力。随着互联网技术、5G通信以及传感器技术的发展，集成电路设计领域具有较好的发展前景，广东省集成电路设计产业需以优势技术为依托，形成具有特色的优势技术群，同时优化布局，加大底层芯片设计技术研发投入力度，进一步提升竞争力。

广东省在集成电路制造领域还较为薄弱，发展速度跟不上市场需求，产能和高端技术服务有待提升。集成电路制造产业的发展受限于先进设备，国内还不具备先进光刻机等设备的生产制造能力，大部分需进口且非常昂贵，发展集成电路制造产业需要相当大的资金投入。政府层面需进一步加大集成电路产业的政策及资金扶持，争取补足短板。

在集成电路封装领域，广东省小型企业较多，技术较为落后，多数企业仍以TO/SOP等技术为主，封装密度小，集成度不高，未来需进行产业升级，优先选择工艺已经相对成熟、技术升级难度低且专利侵权风险相对低的BGA、WLCSP等技术，加强与国内领先企业的技术合作，通过技术引进，提高自身的实力。

3 发展思路

3.1 总体思路

总体来看，广东省内的集成电路产业已具有一定的规模。在集成电路设计领域，广东省专利申请量全国第一，技术力量强劲，但在集成电路制造和封装领域，专利申请量相对较少，技术较为落后。

广东省集成电路设计产业迅猛发展，目前广东省集成电路设计企业的数量已经超过100家，集成电路设计类专利申请总量位于全国首位。但广东省设计类专利申请多偏向于对于芯片外围设计的改进，芯片设计的核心技术和核心专利与国外的企业相比还存在很大的差距。政府可以加大产业政策的支持力度，引领广东省集成电路设计产业通过提高核心技术的创新水平，驱动集成电路设计产业整体战略升级。

对于制造产业来说，图形转移是集成电路制造工艺的重点，其成本超过整个制造工艺的1/3。虽然国内企业在图形转移方面拥有不少专利，但在先进的光刻技术如双重图形光刻、EUV光刻技术领域，国内企业拥有的核心专利较少，广东省内企业则几乎没有涉及相关的专利申请。企业的创新和保护应紧跟技术发展方向，缩小与先进技术的差距。

对于封装产业来说，广东省半导体封装公司较多，但有相当一部分半导体封装公司涉及的是早期的插装型或封装密度相对小的QFP、QFN等表面安装型业务，因而广东省的半导体封装产业急需进行产业升级。根据半导体封装技术发展路线，选择BGA技术可能相对合适。由于封装密度、封装尺寸要求更高的CSP、多芯片封装均需要基于BGA技术，因此将广东省的封装技术普遍升级到BGA技术水平也有利于后续进一步的稳步升级。根据前面的分析，BGA 载板技术的中国专利申请中，江苏长电科技排名全球第二，其专利布局主要集中在引线框式 BGA 载板技术。为避开江苏长电科技的专利优势，广东省可在产业上选择窗口式/凹槽式 BGA 技术以及更先进的 WLCSP 技术。

3.2 核心技术攻关方向及重点

3.2.1 集成电路设计领域

（1）非隔离型电感式 DC-DC 转换技术

非隔离型电感式 DC-DC 转换技术主要技术领域专利申请情况如表 3－1 所示。

表 3－1 非隔离型电感式 DC-DC 转换技术主要技术领域专利申请情况

技术领域	全球		中国			
	申请量/项	占比/%	国内专利申请		国外来华专利申请	
			申请量/件	占比/%	申请量/件	占比/%
提高效率	2053	33.5	391	29.1	177	32.4
加快响应	1031	16.8	280	20.8	143	26.2
控制纹波	932	15.2	195	14.5	84	15.4
减小尺寸	811	13.2	223	16.6	57	10.4
保护	729	11.9	123	9.1	57	10.4
拓宽输入输出	573	9.3	133	9.9	28	5.1

非隔离型电感式 DC-DC 转换技术领域专利申请主要集中在提高效率方面。在全球申请、中国专利申请中的国内申请或国外来华申请中，其占比均排名第一，且均达到 30% 左右。可以看出，提高效率方面的技术是非隔离型电感式 DC-DC 转换技术领域的申请热点，主要原因是提高效率、降低能耗一直是集成电路设计人员需要考虑的重要因素。

非隔离型电感式 DC-DC 转换器有两类功率损耗：静态损耗和动态损耗。无论负载电流大小，静态损耗都是恒定的；动态损耗则会随着负载电流的增加而增加。动态损耗也分为两类：开关损耗和传导损耗。转换器有随着频率大小变化的开关损耗，包括开关管的开启和关闭损耗、驱动损耗以及在每个开关周期产生的主体二管损耗。这些损耗都与开关频率成正比，大多数损耗也随着负载的变化而变化。传导损耗依负载大小而变化，并且包括由于电源的功率开关管和电感器的压降而产生的损耗。负载电流越大，传导损耗就越高。可见，非隔离型电感式 DC-DC 转换技术领域中，功率损耗涉及很多方面，与实际电路有着密切联系。因此，通过降低功率损耗以提高效率的技术较多，这也是提高效率方面的技术成为非隔离型电感式 DC-DC 转换技术领域申请热点的原因之一。

非隔离型电感式 DC-DC 转换技术领域中，加快响应方面的专利申请量占比均排名第二。其原因是：随着应用系统工作频率和处理吞吐量的不断增加，负载在单位时间内的变化越发剧烈。另外，随着集成工艺技术的发展，应用系统的电源变化跨度增大，使得电源电压跳变的范围加大。以上这些都对非隔离型电感式 DC-DC 转换器的响应速度提出更高要求。因此，加快响应也是非隔离型电感式 DC-DC 转换技术领域的申请重点。

表 3－2 示出了非隔离型电感式 DC-DC 转换技术领域的重点专利。

表 3－2 非隔离型电感式 DC-DC 转换技术领域重点专利

法律状态	申请人	申请号
226 件授权维持，116 件待审，34 件失效	美国芯源系统股份有限公司	CN200610142569.7
	美国英特赛尔公司	CN99127797.X
	日本精工电子有限公司	CN98120748.0
		CN03104376.3
	富士通株式会社	CN200610067426.4
	英特尔	CN200810081137.9
	原景科技股份有限公司	CN200810107931.6
	西安交通大学	CN201010246249.2
	复旦大学	CN201010246352.7
	株式会社理光	CN200410097412.8
	半导体元件工业有限责任公司	CN200410079164.4
	福州华映视讯有限公司	CN200910111445.6
	浙江大学	CN200910097233.7
		CN200910096764.4
	杭州矽力杰半导体技术有限公司	CN200910195476.4

在中国专利数据库中检索涉及提高效率方面的非隔离型电感式DC-DC转换技术的376件专利申请中，226件授权维持，34件失效，116件处于待审阶段。在226件授权维持中国专利中，国外来华申请量为70件，占有效申请的31%。其中，日本来华申请30件，占有效申请的13%；美国来华申请30件，占有效申请的13%。国内专利申请量为156件，占有效申请的69%。从这个角度来看，国内申请在非隔离型电感式DC-DC转换技术领域的优势明显，占据大部分有效专利。

中国籍申请人的申请总量虽然位居第一，但具体到单个申请人时，却不占优势，这说明非隔离型电感式DC-DC转换技术领域的申请较为分散。

对非隔离型电感式DC-DC转换技术领域专利风险进行分析后可以得出，涉及提高效率方面的非隔离型电感式DC-DC转换技术中，在控制PWM模式与PFM模式之间切换、降低检测输出电感电流的损耗、降低反向恢复损耗等技术上，国外企业在中国的专利布局较早且较为完善，国内企业从中突破的专利风险较大；在根据负载情况选择线性电源和开关电源中效率较高的一个等技术上，国内高校研究较多，国内企业若与国内高校合作，专利风险较小；在利用开关元件的特性降低损耗、循环利用能量以降低损耗等技术上，目前研究还比较少，专利风险较小，国内企业可予以适当重视。

（2）视频编解码芯片运动估计与补偿技术

运动估计与补偿技术作为编码过程中运算量最大的部分，在整个视频压缩系统中具有极其重要的作用。其执行速度决定编码的效率，并在一定程度上决定整个视频压缩编码系统的性能和效率。运动估计与补偿是视频编码技术领域的核心内容，其技术覆盖面广，包含的技术点多而繁杂，如可变块尺寸、运动矢量处理、亚像素插值、多视点图像和立体视频编码、多参考帧、模式选择等。

视频编解码芯片运动估计与补偿技术领域主要分支专利申请情况如表3－3所示。

表3－3 视频编解码芯片运动估计与补偿技术领域主要分支专利申请情况

技术分支	全球		中国	
	申请量/项	占比/%	申请量/件	占比/%
可变块尺寸	1977	16.4	816	12.9
运动矢量处理	1555	12.9	965	15.2

续表

技术分支	全球		中国	
	申请量/项	占比/%	申请量/件	占比/%
模式选择	1589	13.1	978	15.4
多视点图像和立体视频	3772	31.2	2264	35.8
亚像素插值	821	6.7	274	4.3
多参考帧	928	7.6	212	3.3

由表3-3可以看出，视频编解码芯片运动估计与补偿技术领域的重点技术分支为可变块尺寸、运动矢量处理、模式选择、多视点图像和立体视频。

使用16×16块尺寸的运动估计与补偿导致图像结构和运动模型相当粗糙，对于复杂的空间结构和运动，小尺寸的块将具有更好的性能。对块尺寸进行灵活、细致的划分，更切合图像中实际运动物体的形状，可以大大提高运动估计的精度。因此，可变块尺寸的改进所涉及的技术点改进较多。

“运动矢量处理”实际上并没有一个准确的定义，其涵盖的范围比较广泛，比如后文将要述及的“亚像素插值”理论上也属于一种对运动矢量进行“处理”的技术。此处将其理解为除“亚像素运动估计”以外的“采取多个步骤对一个粗糙的运动矢量进行处理以得到精度更高的运动矢量”的技术，是运动估计与补偿技术领域的一个研发重点。

在图像编码过程中，选择最优的编码模式执行编码会使得编码质量大大提高。编码质量的提高也一直是运动估计与补偿技术领域所关注的重点。

MPEG视频专家组在标准中论述了多视点图像编码和立体视频编码，并给出了相应的解码方案，同时有很多学者在H.264/AVC的基础上结合多视点图像编码的概念，给出了基于上述标准的立体视频编解码方案及诸多改进。随着标准的推广，其工业应用的范围越来越广。随着3D立体显示技术的不断发展，多视点图像和立体视频编码将成为国内外各大企业、科研机构及高校的研究热点及未来的发展趋势。

表3-4示出了在多媒体芯片设计领域中多视点图像和立体视频编码技术的重点专利。

表 3-4　多视点图像和立体视频编码技术领域的重点专利

法律状态	申请人	申请号
611 件授权维持，1254 件待审，97 件失效	松下	CN97181612.6
		CN02140575.1
	汤姆逊许可证公司	CN200780002091.0
	三星	CN200810009544.9
		CN201510192457.1
		CN201310130439.1
		CN201510919253.3
		CN201080036192.1
		CN201080036026.1
		CN201180014025.1
	LG	CN200780019790.6
	高通股份有限公司	CN201380069176.6
	杜比实验室特许公司	CN201510890688.X
	浙江大学	CN200910102153.6
		CN201010262078.2
		CN201110006090.1
	宁波大学	CN200610052895.9
		CN200810163801.4
	中国科学院计算技术研究所	CN03148031.4
	华为技术有限公司	CN201210379767.0

在多媒体芯片设计领域，多视点图像和立体视频编码技术是最重要的技术之一，也是当前各企业以及研究机构的研究热点及专利申请的重点。在 611 件有效中国专利中，国外来华申请量为 442 件，占有效专利的 72%。其中，韩国来华申请 130 件，占有效专利的 21%；美国来华申请 94 件，占有效专利的 15%；国内专利申请量为 169 件，占有效专利的 28%。国外来华申请总量在多视点图像和立体视频编码技术领域居于优势地位，国内申请相对于国外来华申请总量并不具有优势，然而，相对于其他单个国家/地区的来华申请量而言，国内申请人的有效专利数量则居前位。中国专利申请中国内专利申请占据主体地位，一方面是因为我国近年来对多视点图像和立体视频编码技术的研发投入加大，国内申请人对其研究成果的专利保护意识加强；另一方面是因为部分国外申请人未就其研究成果在中国申请专利。总体来看，在多视点图像和立体视频编码技术领域，中国专利

申请的主体是企业和科研机构，而我国的科研机构在该领域的专利数量比重较大，反映出国内科研机构对多视点图像和立体视频编码技术投入大量研究精力。国内在多视点图像和立体视频编码领域技术的专利保护方面，较为具体且分散，没有形成对某种类型或者技术分支的全面保护；而且权利要求技术特征多，保护范围较小。国内企业中，华为和中兴已加大研发力度，努力取得技术革新，且专利申请量逐渐增加，多边布局的意识也逐步加强，但相对国外的三星、汤姆森等巨头而言，仍然面临较高的技术壁垒。特别是三星公司，其在多视点图像和立体视频编码领域有比较全面的布局，技术覆盖面广，国内企业从中突破的专利风险较大。

3.2.2 集成电路制造领域

(1) 双重（多重）图形光刻技术

从全球范围来看，双重（多重）图形光刻技术是专利主导的，并且从专利技术转化为产业的时间比较短，只有 3 ~5 年。

图 3 -1 示出了双重（多重）图形光刻全球专利技术发展路线。1990 年，美国的美光科技申请的专利 US19900519992 首次系统地提出了 SADP 工艺，其能够获得半节距的图形，并可通过重复 SADP 来形成 1/4 节距的图形，是 SADP 工艺的核心专利和基础专利。1988 ~2003 年属于 SADP 技术的前期研发阶段。这一时期的关注点主要在如何形成更精细的图形，例如海力士在 1994 年提出形成三重图形的方法，英特尔在 1997 年提出形成十六重图形的方法。该阶段的主要申请人为美光科技、海力士、英特尔、三菱、IBM 等。

从 2004 年开始，以美光科技为代表的申请人开始使用 SADP 技术制备产品，例如闪存。该阶段的主要申请人有美光科技、三星、英特尔和东芝。从 2010 年开始，以 IBM 为代表的申请人使用 SADP 工艺制备更复杂的图形，例如大马士革线，该阶段的主要申请人有 IBM、英特尔等。

在 LELE 工艺上，1997 年美国的新墨西哥大学申请的专利 US19970932428 首次系统地提出 LELE 工艺，采用硬掩模作为图案转移层，通过 LELE 工艺可以形成线条和通孔，并且可以重复 LELE 工艺以形成多重图形。该专利是 LELE 工艺的核心专利和基础专利。

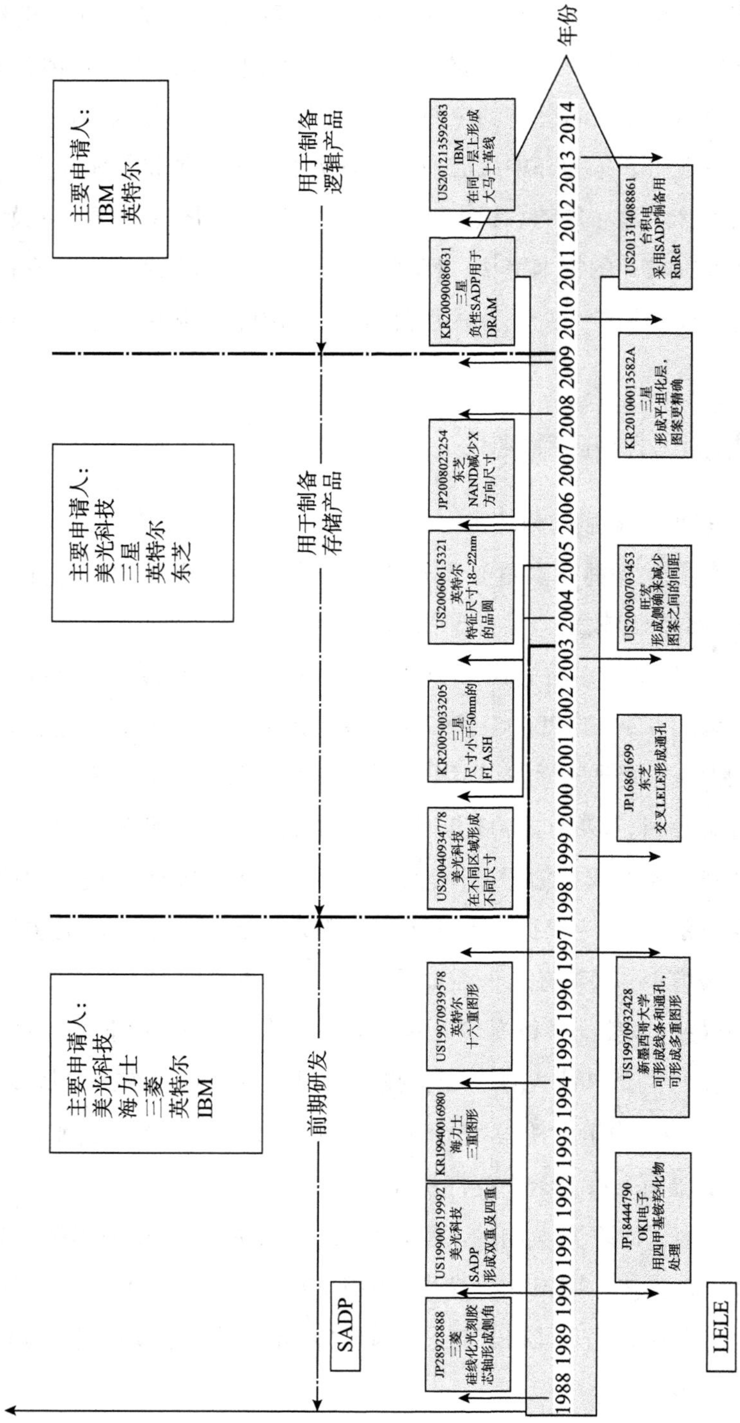

图 3-1　双重（多重）图形光刻技术领域全球技术发展路线

下文进一步分析双重（多重）图形光刻全球专利技术的发展脉络，明确其具体技术分支和发展趋势，以期对中国产业的未来发展提供指导。

如图3－2所示，对SADP工艺的改进主要集中在以下两个方向。一是侧墙形成方法。例如，1988年，三菱提出硅烷化光刻胶侧壁；1994年，三菱对光刻胶侧壁改性形成侧墙；1995年，IBM氧化芯轴侧壁，后续采用有机材料来形成侧墙，如采用RELACS、交联剂和硅倍半氧烷树脂等。二是将SADP工艺运用于具体的器件制作。例如，2004年，美光科技采用SADP在存储器的不同区域形成不同尺寸的图案；2005年，三星利用SADP工艺形成尺寸小于50nm的FLASH；2009年，三星采用负性SADP工艺形成DRAM的通孔阵列；2010年，英特尔通过制备两层侧墙形成三重图形以及不同的尺寸；2012年，IBM通过SADP在同一层上形成大马士革线。

可以预见，未来对SADP的改进将不局限在减低尺寸上，会更多地与器件的具体制作过程相联系，即如何采用SADP来形成具体的器件，扩大SADP工艺的运用范围和简化其工艺步骤。

对LELE工艺的改进主要有以下两个方面：第一，优化尺寸，如在每一层图案两侧形成侧墙，可以减少侧墙之间的距离，或者通过形成平坦层，可以获得更精确的图案；第二，简化工艺，将LELE简化为LPLE，可以减少一道刻蚀的步骤，例如采用水溶性树脂、交联剂等材料对第一层光刻胶图案进行处理。

如图3－3所示，双重（多重）图形光刻技术领域的中国专利技术的发展比较晚，最早的专利申请是1995年海力士申请的三重图形。在SADP工艺的发展方面，中国专利技术主要集中在将SADP工艺运用到具体的制备过程中，如2005年美光科技申请的在不同区域形成不同尺寸的图案、2008年美光科技申请的在FLASH中形成不同的尺寸、2012年台积电申请的将SADP结合外延生长来形成STI、2013年中芯国际申请的同时定义不同尺寸的图案等。

在LELE工艺方面，一方面，发展趋势是采用LPLE来简化LELE，如2007年NXP采用化学微缩材料处理第一层光刻胶，2008年朗姆研究采用氟碳化学品和含氢气体作为冷冻材料；另一方面则集中在形成更小的尺寸上，如在每一层图案上形成侧墙以减少图案之间的间距，或者采用上下层图案的交叠部分来形成不同形状的柱阵列。

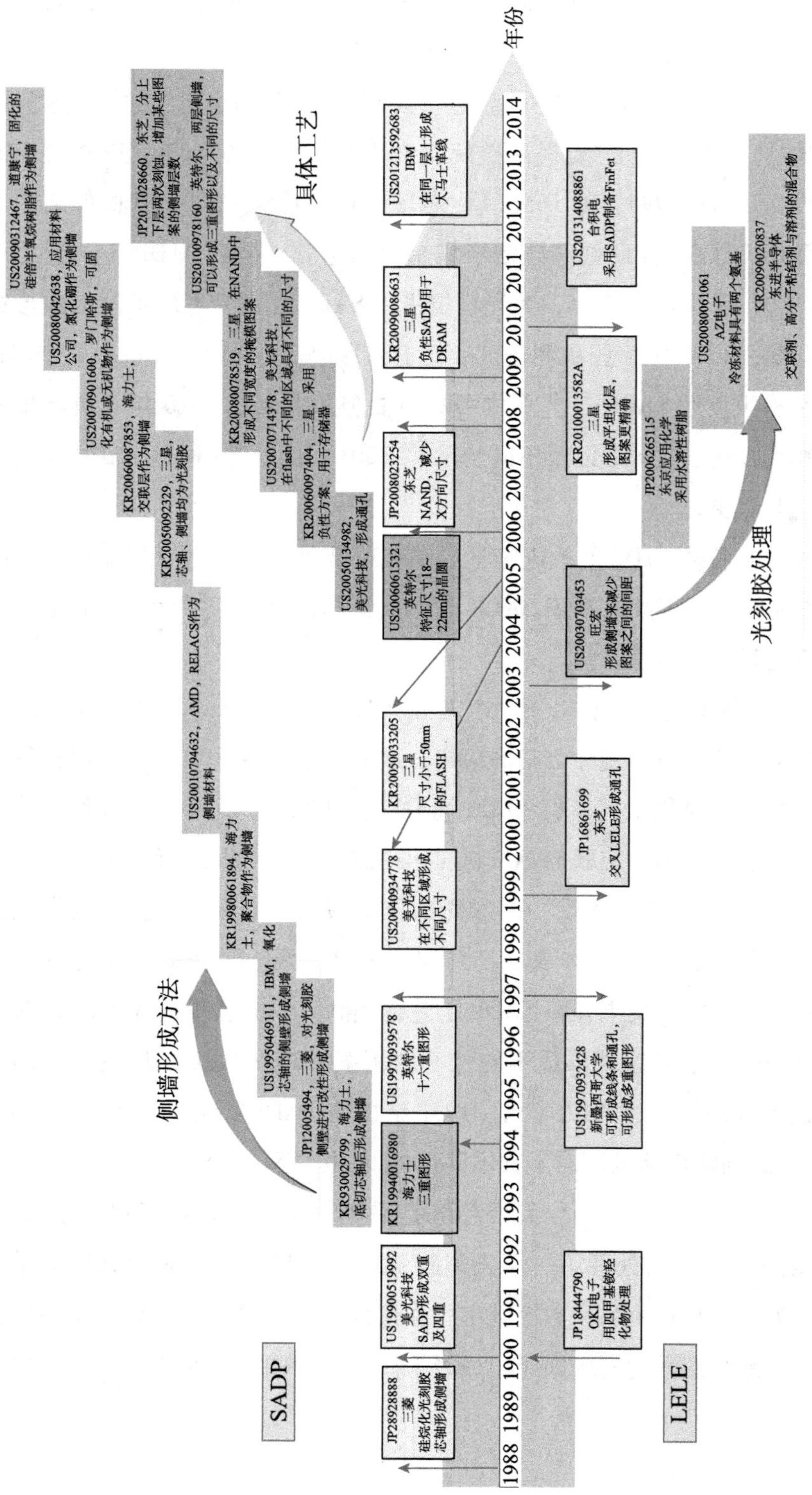

图3-2 双重（多重）图形光刻领域全球专利技术发展脉络

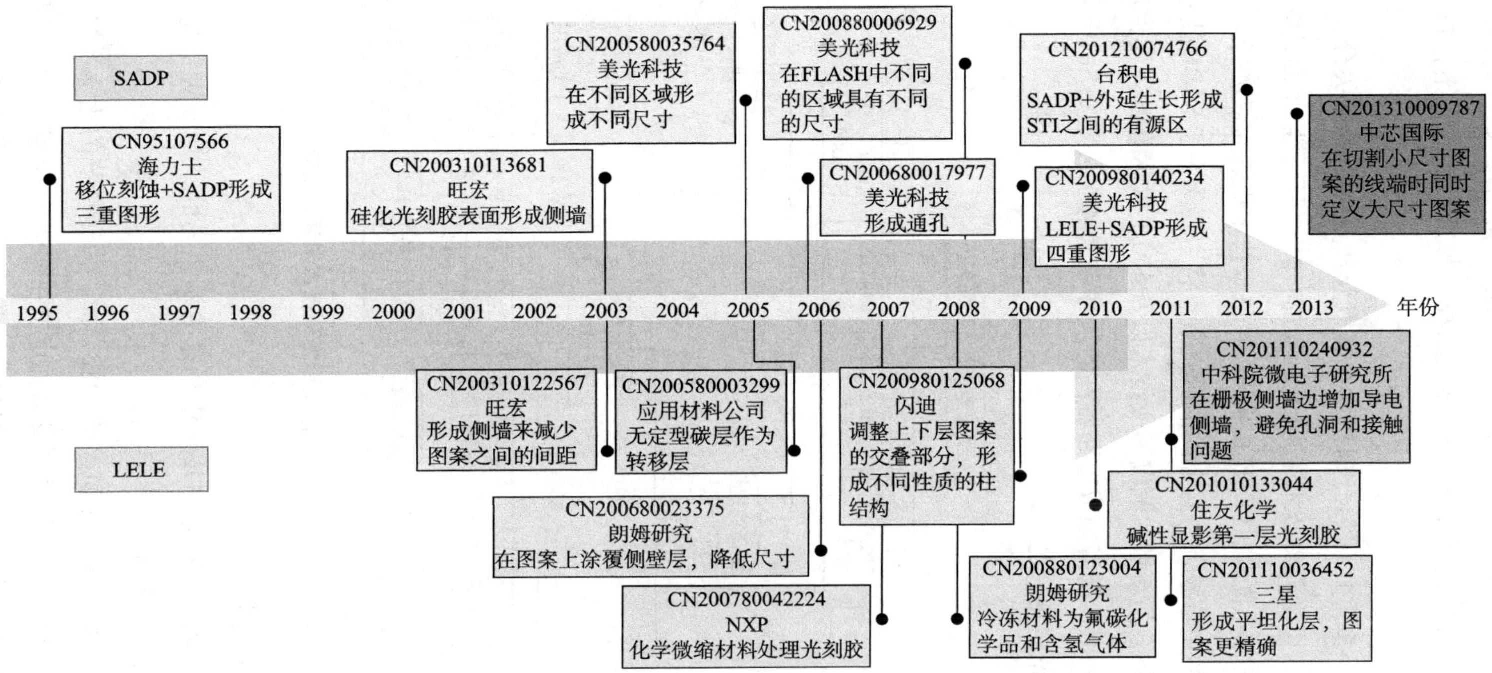

图 3-3　双重（多重）图形光刻领域中国专利技术发展路线

综上，在中国，双重（多重）图形光刻技术的初期发展阶段较不明显，在中国首次申请专利的双重（多重）图形光刻技术都是改进的方案，技术相对分散，发展呈现跳跃式。

通过对双重（多重）图形光刻技术发展以及产业发展的相关分析，可以对全球双重（多重）图形光刻技术未来的发展方向作出如下预测（参见图3－4）。

未来几年，SADP技术、LELE技术以及LPLE技术仍然为双重（多重）图形光刻技术领域中的主流技术，且业内的研究重点将主要集中于SADP技术，SADP技术的关注重点将会是新型的侧墙形成技术以及SADP技术在具体器件形成工艺中的实际应用。同时，随着集成电路器件的尺寸越来越小，重复SADP技术也将成为具有潜力的光刻技术之一。

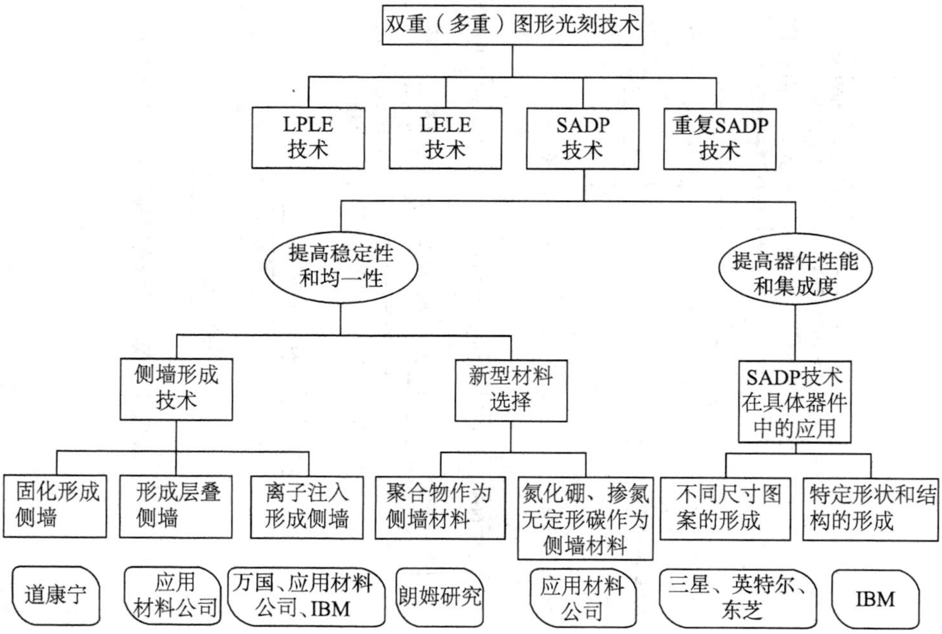

图3－4　双重（多重）图形光刻技术未来发展方向

（2）EUV光刻技术

从全球范围来看，EUV光刻技术市场是专利主导的，并且从专利申请转化到产业上运用的时间周期为4～6年。

从图3－5中可以看出，在EUV光刻胶方面，由于传统的化学增幅型光刻胶普遍不能应用于EUVL，因此技术研发目标定位在如何获得低吸光率、高透明度、高分辨率、高敏感性、低产气和低边缘粗糙度的光刻胶上，重要的专利技术也大

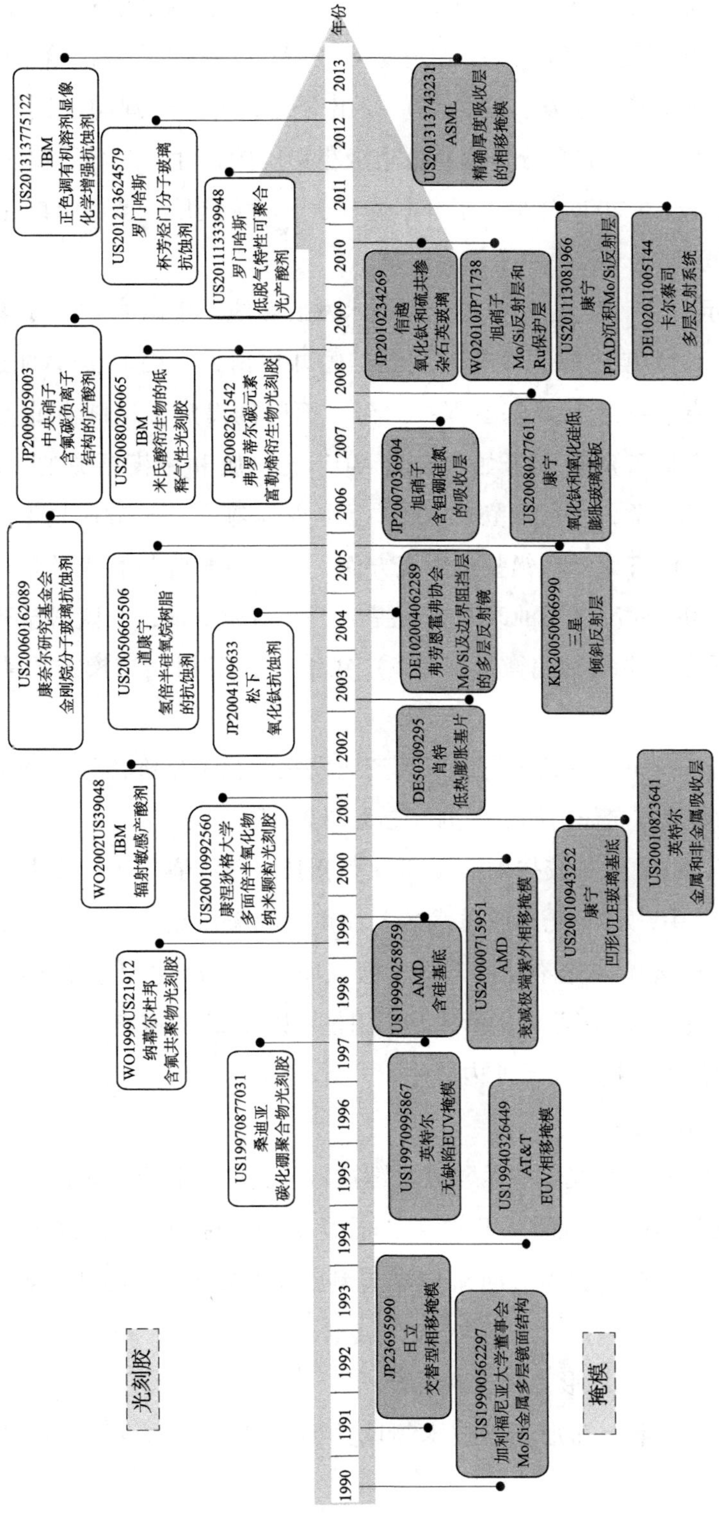

图3-5 EUV光刻全球专利技术发展路线

都涉及对新型聚合物和产酸剂的开发。例如，桑迪亚和纳幕尔杜邦分别在 1997 年和 1998 年提出了用于聚合物 EUV 光刻胶，IBM、英特尔和罗门哈斯以及日本籍申请人（如旭硝子、住友、信越等）提出大量关于产酸剂的改进。近年来，分子玻璃光刻胶由于具有高分辨率和低边缘粗糙度的特性，获得了较多的关注，康奈尔研究基金会在 2006 年提出了金刚烷分子玻璃光刻胶，罗门哈斯在 2011 年以后也对分子玻璃光刻胶提出了较多申请。

图 3 -6 示出了 EUV 光刻中国专利技术发展路线。中国的 EUV 光刻技术发展相对较晚，2011 年以前的申请人主要是国外申请人，因此整体的专利技术路线与全球的专利技术路线基本保持一致，而时间滞后。2011 年以后，国内申请人特别是科研院所逐渐开始提交在 EUV 光刻胶和掩模领域的专利申请，如南京航空航天大学、北京师范大学和中国科学院等在分子玻璃光刻胶方面提出了多件申请，同济大学在铝基反射镜方面、中国科学院长春光学精密机械与物理研究所在 Mo/Si 反射层的改进方面提出了一系列申请，中国科学院微电子研究所（以下简称“中科院微电子所”）在纳米加工相移掩模方面也提出了申请。

通过前述对 EUV 光刻技术发展以及产业发展的相关分析，可以对全球 EUV 光刻技术未来发展方向作出如下预测（参见图 3 -7）。

未来几年，EUV 光刻胶技术以及 EUV 掩模技术仍然是 EUV 光刻技术中的两项重点技术。其中，EUV 光刻胶技术的关注重点在于新型光致产酸剂的形成方法以及 EUV 分子玻璃体光刻胶的形成方法，而 EUV 掩模技术关注的重点在于 EUV 多层反射膜技术、吸收层的形成和应用技术以及 EUV 掩模衬底技术。另外，EUV 放气处理技术也越来越受业内关注。

（3）专利风险分析

图 3 -8 示出了图形光刻技术领域关键技术分支的专利风险情况。由该图可知，图形光刻技术领域中的 SADP 技术方向、EUV 掩模技术方向风险程度高，存在重大专利风险；LELE 技术方向和 EUV 光刻胶技术方向风险程度一般，专利风险较小。

1）双重（多重）图形光刻技术领域

中国双重（多重）图形光刻技术领域关键技术分支的重点专利如表 3 -5 所示。

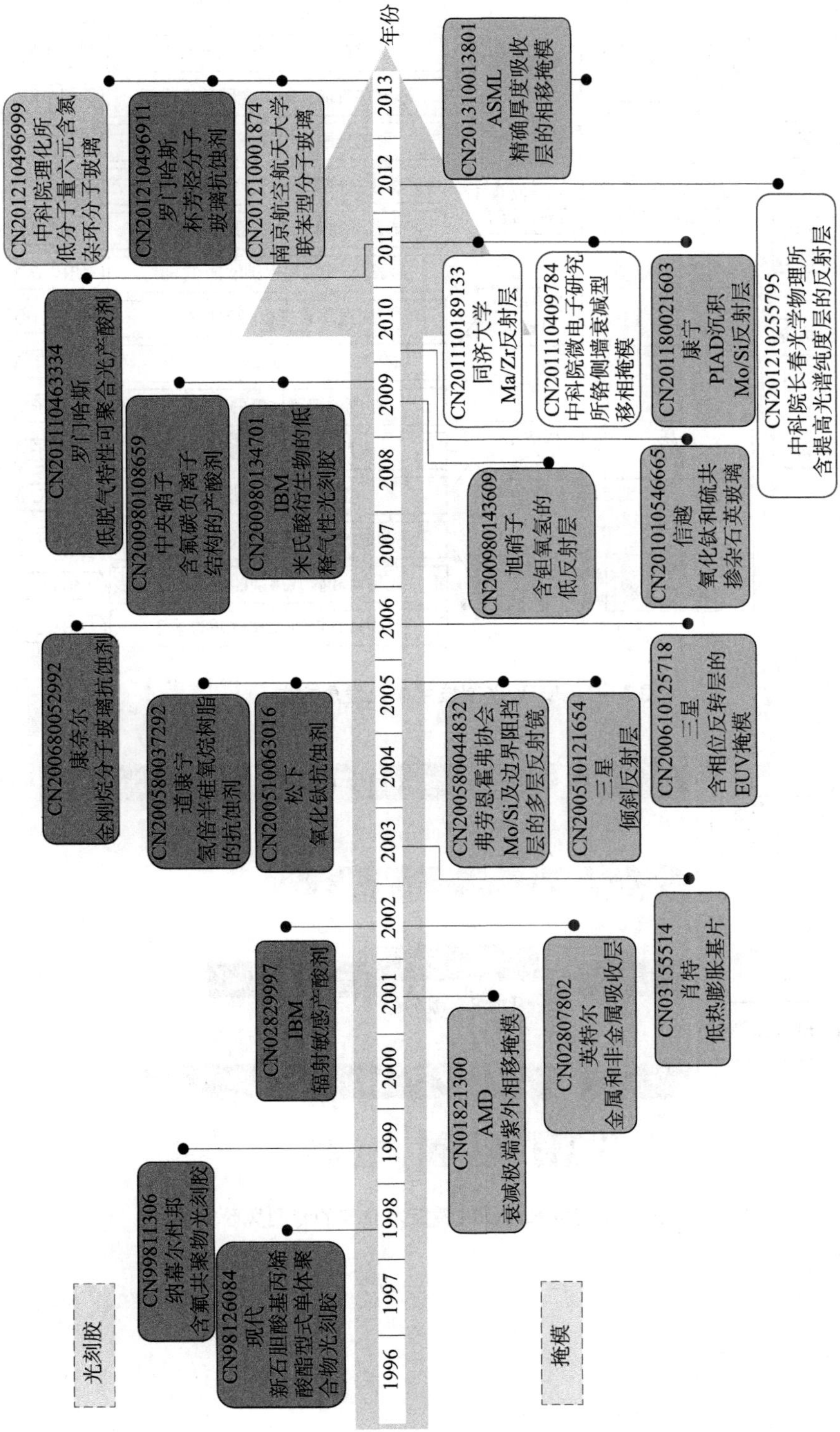

图 3-6 EUV 光刻领域中国专利技术发展路线

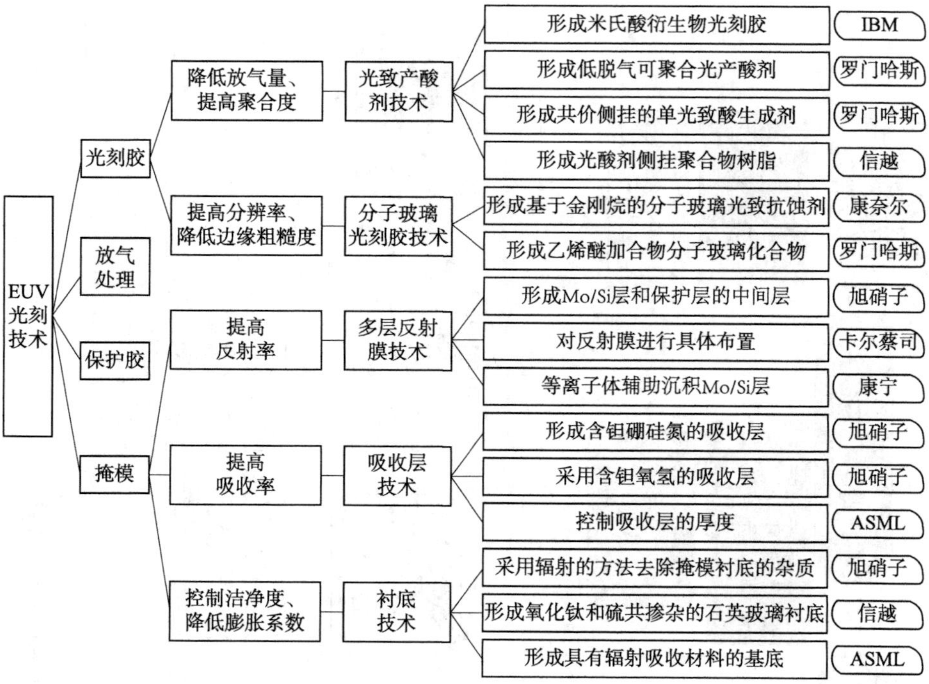

图 3-7　EUV 光刻技术未来发展方向

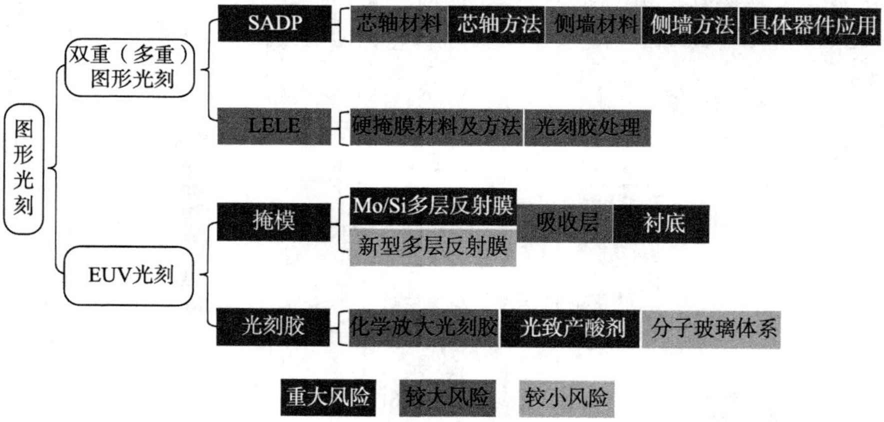

图 3-8　图形光刻技术领域关键技术分支的专利风险情况

表 3-5 中国双重（多重）图形光刻技术领域关键技术分支的重点专利

重点技术领域	法律状态	技术分支	申请人	申请号
SADP 技术	专利权维持 92 件，失效 61 件，待审 119 件	芯轴材料选择	海力士	CN200610067357.7
				CN200810007249.X
			美光科技	CN200780012525.5
		芯轴形成及处理方法	ASML	CN200710005123.4
				CN201010198859.X
			应用材料公司	CN200810175121.4
			东京电子	CN201180004647.6
				CN201180018012.1
			罗门哈斯	CN201210599257.4
			瓦里安半导体	CN201080040495.0
			世界先进积体电路	CN01116070.3
			台积电	CN201210213759.9
			中芯国际	CN201210324637.7
		侧墙材料选择	海力士	CN200610067357.7
				CN200710000591.2
			应用材料公司	CN200980114768.9
			罗门哈斯	CN200810095137.4
		侧墙形成及处理方法	IBM	CN200780014006.2
				CN201010237978.1
			应用材料公司	CN200810175121.4
			美光科技	CN200880006929.8
			东京电子	CN201010132410.3
			罗门哈斯	CN201010266969.5
			中芯国际	CN201010217807.2
				CN201010245580.2
				CN201110131583.8
				CN201210181395.0
				CN201210325783.1
		具体器件应用	美光科技	CN200680010516.8
				CN200680017977.8

续表

重点技术领域	法律状态	技术分支	申请人	申请号
SADP 技术	专利权维持 92 件，失效 61 件，待审 119 件	具体器件应用	三星	CN200710088603.1
				CN200810009731.7
				CN201110238814.5
				CN201010282946.3
			IBM	CN200710180186.3
			海力士	CN201210482777.7
				CN201010508383.5
			中科院微电子所	CN201010611749.1
			台积电	CN201210074766.5
			中芯国际	CN201110354571.1
			力晶科技	CN201210146562.8
LELE 技术	专利权维持 47 件，失效 10 件，待审 34 件	硬掩模材料的选择及形成	应用材料公司	CN200580003299.5
			海力士	CN200710079289.0
				CN200610151550.9
				CN200810000431.2
			布鲁尔科技	CN200980108881.6
				CN201110460797.X
			东京电子	CN200780042316.5
				CN200780028343.7
			华力微电子	CN201110265283.9
				CN201310360385.8
				CN201310360404.7
				CN201310360830.0
			中芯国际	CN200710094462.4
				CN200810105902.6
				CN201010253783.6
				CN201010153859.8
			台积电	CN201210241809.4
		光刻胶处理技术	朗姆研究	CN200680023375.3
				CN200680015841.3
				CN200680015843.2
			闪迪	CN200980125068.X
			中芯国际	CN200810112514.0

续表

重点技术领域	法律状态	技术分支	申请人	申请号
LELE 技术	专利权维持 47 件，失效 10 件，待审 34 件	其他 LELE 技术	海力士	CN201010578450.0
			中科院微电子所	CN201110006476.2
				CN201210353673.6
			中芯国际	CN200910056019.7

① SADP 技术领域

SADP 技术领域发展成熟，国外来华申请人在 SADP 技术领域布局较为完整，特别是在芯轴、侧墙的形成方法以及具体器件应用领域具有核心专利 + 外围专利的专利布局，同时，其在芯轴、侧墙材料的选择方面也具有基础性专利布局；而国内申请人在 SADP 技术领域仅具有少量有效外围专利，核心专利空白或较少，缺乏横向扩展的专利申请，没有形成整体的覆盖和相互保护支撑，总体上存在重大风险。

关于双重图形光刻方面的全球专利申请共 1677 项，其中 SADP 技术的相关申请共有 999 项，占据总量的 60%。从 1988 年出现 SADP 技术的相关申请之后，随着时间的推移，SADP 技术领域的申请量逐步增加，2006 年开始迎来快速发展阶段，申请量在 2008 年达到最高峰后呈稳定发展态势。而关于 SADP 技术的国外来华申请量在 2007 年达到最高峰后，近年来申请量正在逐步下滑，表明 SADP 技术处于成熟期。

在中国专利数据库中检索到的涉及 SADP 技术的 272 件中国专利申请中，92 件专利权维持，61 件失效，119 件处于待审阶段。在 92 件授权维持专利申请中，国外来华申请量为 80 件，占有效专利的 87.0%。其中，韩国来华申请 52 件，占有效专利的 56.5%；美国来华申请 20 件，占有效专利的 21.7%；国内申请量为 12 件，占有效专利的 13.0%，从这个角度来说，国外来华申请在 SADP 技术领域的优势明显，尤其是韩国来华申请和美国来华申请，占据大部分有效专利，中国企业面临较大的潜在专利风险。

SADP 技术领域的专利申请主要包括关于芯轴材料的选择、芯轴的形成方法、侧墙材料的选择、侧墙的形成方法以及在具体器件中的应用五个方面的申请。

关于芯轴材料的选择方面，我国存在较大的专利风险。关于该方面，国外来华专利中具有少量重要专利布局，但这些重要专利涉及采用光刻胶和多晶硅作为芯轴的技术方案，其中光刻胶和多晶硅是SADP技术中常见的芯轴材料，故这些重要专利属于重要的基础性专利，而国内仅具有少量外围专利且核心专利申请是空白的，故我国企业存在较大专利风险。

关于芯轴形成及处理方法方面，我国存在重大专利风险。关于该方面，国外来华专利中具有较多的重要专利，这些重要专利涉及多种芯轴固化或者掺杂改性的方法，特别涉及对光刻胶芯轴的固化以及离子注入改性方面；这些重要专利中既有涉及普通光刻胶芯轴形成工艺的核心专利，也有对光刻胶芯轴各种处理工艺的核心专利的外围布局，布局比较完整。而国内仅具有少量外围有效发明专利，但核心专利申请是空白的，故我国企业存在重大的专利风险。

关于侧墙材料的选择方面，国外来华专利中具有少量重要专利布局，但这些重要专利涉及采用氮化物、氧化硅以及有机膜作为侧墙的技术方案，其中氮化物、氧化硅以及有机膜均是SADP技术中常见的侧墙形成材料，属于基础性专利。而国内仅具有少量外围专利且核心专利空白，故我国企业存在较大专利风险。

关于侧墙形成及处理方法方面，整体上我国存在重大的专利风险；关于新型侧墙形成方法方面，我国存在的专利风险较小。国外来华专利中具有较多的重要专利布局，这些重要专利涉及侧墙的固化、改性以及形成工艺等方面，特别涉及对有机膜侧墙的固化、氮化物侧墙形成方法等，布局较为完整：既涉及有机膜、氮化物的形成方法，也涉及有机膜和氮化物的后续处理工艺（如固化工艺）；既有基础专利，又有相关的外围专利。而近些年来国内对侧墙形成及处理工艺的相关技术方案提交了较多的申请，但更多的涉及有机膜、氮化膜的形成工艺等外围专利，且仅具有少量有效发明专利，故我国企业整体上存在重大的专利风险。当然，国内也存在一些新型侧墙形成技术的发明专利申请，如采用业内较为热门的定性自组装技术形成侧墙，这些技术可以替代目前传统的沉积工艺形成侧墙的技术，且国外申请人并未对这些形成技术在我国形成完整的专利布局，故在新型侧墙形成技术方面，我国企业存在的专利风险较小。

关于具体器件应用方面，我国企业存在重大专利风险。国外来华专利中具有较多的重要专利布局，这些重要专利既涉及采用传统SADP技术+普通掩模光刻工艺形成不同尺寸图形、两次传统的SADP技术形成特定形状及结构图形（如接触孔、互连结构）的基础性工艺方面，也涉及这些图形在具体器件形成方法中的应用等外围方面，布局较为完整。同时，传统 SADP 技术 + 普通掩模光刻工艺形成不同尺寸图形、两次传统的 SADP 技术形成特定形状及结构图形的相关技术都是 SADP 应用技术中很常见的图形形成技术，也是产业上在同一芯片上集成多种器件时需求的重要技术，故涉及这些方面的专利属于基础性专利。而国内仅有少量外围有效专利，故我国企业存在重大专利风险。

从以上分析可知，国外来华申请人在 SADP 技术领域专利布局较为完整，特别是在芯轴、侧墙的形成方法以及具体器件应用领域具有核心专利 + 外围专利的专利布局。同时，其在芯轴、侧墙材料的选择方面也具有基础性专利布局。而国内申请人在 SADP 技术领域仅具有少量有效外围专利，核心专利空白或较少，缺乏横向扩展的专利申请，没有形成整体的覆盖和相互保护支撑。同时，SADP 技术可以节约生产成本，一定程度上可以简化生产工艺，而用于替代 SADP 技术实现小尺寸图形形成的双重（多重）图形光刻技术中的 LELE 技术和 LPLE 技术均存在成本较高且生产工艺较为复杂等难题，故 SADP 技术是目前产业上实现小尺寸器件生产的重要技术，特别在小尺寸闪存等存储器生产技术中属于主流技术。故总体来说，在 SADP 技术领域，我国企业存在重大的专利风险。

② LELE 技术领域

LELE 技术领域稳定发展，国外申请人在正性方案和负性方案的单层掩模相关技术、正性方案的双层掩模相关技术领域有较为完整的专利布局，潜在专利风险大，而有关负性方案双层掩模的 LELE 技术较少，国内申请人可以进行相应的布局。

关于双重（多重）图形光刻方面的全球专利申请共 1310 项，其中 LELE 技术相关的申请共有 267 项，占总量的 20%。LELE 技术的专利申请量从 2005 年开始迅速上升，到 2007 年全球申请量达到顶峰，并在近几年保持稳定的发展态势。

LELE 技术领域的专利申请主要涉及正性方案和负性方案的 LELE 技术，而正性方案和负性方案均包括采用单层硬掩模的相关技术以及采用双层硬掩模的相关技术。

国外大型半导体企业对 LELE 技术领域在我国已经进行比较全面的布局。例如海力士和闪迪，是全球著名的集成电路制造企业，这些公司拥有多件专利申请涉及正性方案的单层硬掩模材料的选择方面。应用材料公司涉及负性方案中单层硬掩模材料选择的专利申请中，采用无定型碳层作为硬掩模层，是非常基础性的专利申请，保护范围比较大；海力士涉及正性方案中单层硬掩模叠层选择的专利申请中，提出的旋涂碳层＋抗反射层＋光刻胶层的结构是非常常见的叠层结构，保护范围也比较大；朗姆研究公司涉及单层硬掩模正性方案中光刻胶特征尺寸限定的专利申请中将光刻胶图案进行处理、以使其特征尺寸增长从而增加线条间距的专利技术是业内非常有名的缩小特征尺寸的技术，当需要使用 LELE 技术并进一步缩小特征尺寸时，很难避免使用该专利技术。而国内申请人在 LELE 技术领域的申请比较少，主要为国内大型芯片制造企业和科研院所，例如中芯国际、台积电和中科院微电子所，所申请的专利主要涉及硬掩模的堆叠层数和厚度、应用的领域（形成接触孔）、形成图案的光源、光刻胶和掩膜的处理等方面，其更多地涉及具体技术细节的改进。

2）EUV 技术领域

EUV 重点技术主要包括 EUV 掩模技术和 EUV 光刻胶技术，其技术领域的重点专利分析如表 3－6 所示。

表 3－6　中国 EUV 重点技术领域重点专利

<table>
<tr><th>重点技术领域</th><th>法律状态</th><th>技术分支</th><th>申请人</th><th>申请号</th></tr>
<tr><td rowspan="17">EUV 掩模</td><td rowspan="17">专利权维持 57 件，失效 25 件，待审 64 件</td><td rowspan="11">多层反射膜技术</td><td rowspan="2">三星</td><td>CN200610092874. X</td></tr>
<tr><td>CN200910253239. 9</td></tr>
<tr><td rowspan="2">卡尔蔡司</td><td>CN02819611. 2</td></tr>
<tr><td>CN201110065446. 9</td></tr>
<tr><td>旭硝子</td><td>CN200980127898. 6</td></tr>
<tr><td>康宁</td><td>CN201180021603. 4</td></tr>
<tr><td rowspan="5">同济大学</td><td>CN201110425986. 3</td></tr>
<tr><td>CN201210172142. 7</td></tr>
<tr><td>CN201310009896. 5</td></tr>
<tr><td>CN201110250663. 5</td></tr>
<tr><td>CN201310006877. 7</td></tr>
<tr><td rowspan="5">衬底技术</td><td>豪雅光学</td><td>CN200980141196. 3</td></tr>
<tr><td>旭硝子</td><td>CN200980150521. 2</td></tr>
<tr><td>肖特</td><td>CN200510052574. 4</td></tr>
<tr><td rowspan="2">信越</td><td>CN200910158613. 7</td></tr>
<tr><td>CN201010546665. 4</td></tr>
</table>

续表

重点技术领域	法律状态	技术分支	申请人	申请号
EUV 掩模	专利权维持57件，失效25件，待审64件	吸收层技术	英特尔	CN02812088.4
			ASML	CN201310013801.7
		其他掩模技术	IBM	CN200510004272.X
			旭硝子	CN200980143609.1
			应用材料公司	CN201210375797.4
			台积电	CN201310036569.9
				CN201310173745.3
				CN201310244934.5
			中国科学院长春光机所	CN201310037265.4
			中国科学院微电子研究所	CN201110409784.X
				CN201310631460.X
EUV 光刻胶	专利权维持21件，失效36件，待审79件	化学放大型光刻胶	富士通	CN200610107443.6
			道康宁	CN200580037292.5
			信越	CN201010289418.0
			IBM	CN201410061770.7
		光致产酸剂	三菱	CN200580044296.6
			三星	CN200810165695.3
			富士通	CN200910005998.3
			中央硝子	CN200980108659.6
			罗门哈斯	CN201110463334.9
				CN201310637229.1
				CN201310637227.2
			北京师范大学	CN201210061066.2
		分子玻璃体系光刻胶	IBM	CN201010237847.3
			罗门哈斯	CN201210496911.9
			南京航空航天大学	CN201210001874.X
			中国科学院化学研究所	CN201210070713.6
				CN201210156675.6
			中国科学院理化技术研究所	CN201210496999.4

续表

重点技术领域	法律状态	技术分支	申请人	申请号
EUV 光刻胶	专利权维持21件，失效36件，待审79件	其他光刻胶技术	AZ 电子材料	CN200880016844.8
			东京电子	CN201110221425.1
			IBM	CN200980134701.1
			信越	CN201010194426.7
			罗门哈斯	CN201010625231.3
				CN201310264410.2
				CN201310543175.2
			中国科学院化学研究所	CN201210113099.7
			台积电	CN201110025180.5

① EUV 掩模技术领域

在 EUV 掩模技术领域，国外申请人具有较为完整的专利布局，特别在多层 Mo/Si 反射膜技术和 EUV 衬底技术方面均存在较多的重要专利，并具有一些基础性专利布局，在 EUV 吸收层技术方面也具有少量重要专利布局。而我国在 EUV 掩模技术领域除了新型多层反射膜方面有一定量布局，其他方面几乎没有有效的相关专利布局，故我国在 EUV 掩模技术方面具有重大专利风险。同时，我国在新型多层反射膜技术领域具有一系列专利布局，故我国企业在新型多层反射膜领域的专利风险较小。

关于 EUV 技术的全球专利申请共有 2247 项，其中关于 EUV 掩模技术的专利申请共有 1013 项，占总申请量的 45.1%。自 1996 年出现 EUV 掩模技术的相关专利申请之后，随着时间的推移，该类相关专利申请的数量逐渐增加，于 2003 年达到一个峰值后开始平缓发展，2006～2007 年有一下降趋势，而近些年该类相关专利申请量又有所增长，可见全球申请人一直关注该项技术。

在中国专利数据库中检索到的涉及 EUV 掩模技术的 155 件专利申请中，57 件专利权维持，25 件失效，64 件处于待审阶段。在 57 件专利权维持状态的专利申请中，国外来华申请量为 38 件，占有效专利的 66.7%。其中，日本来华申请 16 件，占有效专利的 28.1%。而国内专利申请量为 4 件，仅占有效专利的 7.0%。在 48 件待审专利申请中，国外来华申请量为 36 件，占待审申请总量的 75%；而国内申请量为 12 件，占待审申请总量的 25%。可见，无论从专利权维持的量还是从待审的专利申请量方面来看，我国在 EUV 掩模技术领域均处于劣势地位，我国企业存在较大的专利风险。

EUV 掩模技术领域的专利申请主要包括多层反射膜技术、衬底技术、吸收层技术以及其他掩模技术四个方面的申请。

在 EUV 多层反射膜技术方面，特别是在多层 Mo/Si 反射膜技术方面，我国存在重大的专利风险，而在新型多层反射膜方面，我国专利风险较小。在多层反射膜方面，国外存在较多的重要专利，且形成一定局面的专利布局，这些专利主要涉及多层 Mo/Si 反射膜的形成工艺，而多层 Mo/Si 反射膜是 EUV 光刻技术中的主流多层反射膜，故这些重要专利属于非常重要的 EUV 光刻技术相关专利，而我国在多层 Mo/Si 反射膜领域布局较少且几乎没有有效的相关专利，故在 EUV 多层 Mo/Si 反射膜技术方面，我国存在重大的专利风险。而在新型多层反射膜特别是铝基多层反射膜方面，国外来华专利申请较少甚至并不存在重要专利申请，而国内在该方面具有一定量的专利布局，特别是在铝基多层反射膜方面具有一系列专利布局，故我国企业在新型多层反射膜领域专利风险较小。

在 EUV 衬底技术方面，国外来华专利中存在较多的重要专利，其主要涉及石英玻璃衬底作为 EUV 衬底的技术方案，而石英玻璃衬底是 EUV 光刻技术中的主流衬底，故这些重要专利属于非常重要的 EUV 光刻技术相关专利。这些重要专利不仅涉及少量石英玻璃形成技术这样的基础性专利，还涉及对石英玻璃进一步改进的外围技术，故布局相对完整。而我国在衬底技术方面几乎没有专利布局，故我国企业存在重大专利风险。

在 EUV 吸收层技术方面，国外来华专利中存在较少的重要专利，然而我国几乎没有相关的专利申请，EUV 吸收层技术是产业中必需的技术，故在 EUV 吸收层技术方面，我国企业存在较大的专利风险。

从上述分析可知，在 EUV 掩模技术领域，国外申请人具有较为完整的专利布局，特别在多层 Mo/Si 反射膜技术方面和 EUV 衬底技术方面均存在较多的重要专利，并具有一些基础性专利布局，而 EUV 吸收层技术方面也具有少量的重要专利布局，而我国在 EUV 掩模技术领域除了新型多层反射膜方面有一定量布局外，其他方面几乎没有有效的相关专利布局。同时，需要注意的是，EUV 掩模技术是 EUV 光刻技术中不可缺少的技术，且 EUV 光刻技术要求 EUV 掩模具有更高的反射率，故 EUV 掩模不同于普通光刻掩模，不能采用普通光刻掩膜替代。总体来说，我国在 EUV 掩模技术方面具有重大专利风险。当然，需要指出的是，我国在新型多层反射膜技术领域具有一定量的专利布局，特别在铝基多层反射膜方面具有一系列专利布局，故我国企业在新型多层反射膜领域的专利风险较小。

② EUV 光刻胶领域

在 EUV 光刻胶领域，我国企业在化学放大型光刻胶技术领域以及光致产酸剂技术领域均存在较大专利风险；特别是在光致产酸剂技术领域，由于国外来华申请的重要专利较多，布局较为完整，而国内相关专利较少，因此我国企业存在重大专利风险。而在分子玻璃体系光刻胶技术领域，专利风险较小。

关于 EUV 技术的全球专利申请共有 1806 项。其中，EUV 光刻胶技术的相关申请有 756 项，占总量的 41.9%。自 1995 年出现对光刻胶进行改进的 EUV 光刻技术的专利申请以来，关于该类技术的专利申请都保持着比较平缓的增长趋势。从 2011 年开始，关于该类技术的专利申请进入快速发展阶段。由此可见，国外大型企业和科研机构一直都很关注对光刻胶进行改进的 EUV 光刻技术。

在中国专利数据库中检索到的涉及 EUV 光刻胶技术的 136 件专利申请中，21 件授权维持，36 件失效（申请人多为日本的公司，如住友和三菱，类型大部分为视撤），79 件处于待审阶段。在 21 件授权维持的专利申请中，国外来华申请量为 19 件，占有效专利的 90.5%。其中，日本来华申请 13 件，占有效专利的 61.9%；国内专利申请量为 2 件，仅占有效专利的 9.5%。从这个角度来说，国外来华申请在 EUV 光刻胶技术领域的优势非常明显，占绝对领先地位，尤其是日本来华的专利申请，占比超过六成。在 79 件待审专利申请中，国外来华专利申请 72 件，占待审申请的 91.1%。其中，日本来华申请 47 件，占待审申请的 59.5%；而中国国内申请仅有 7 件，占待审申请的 8.9%。可见，无论在专利权维持的量还是在待审的专利申请量方面，我国在 EUV 光刻胶技术领域均处于劣势地位，我国企业存在较大的潜在专利风险。

EUV 光刻胶技术领域的专利申请主要包括化学放大型光刻胶、光致产酸剂、分子玻璃体系光刻胶以及其他光刻胶技术等四个方面的申请。

在化学放大型光刻胶技术领域，国外来华专利中存在较少的重要专利。化学放大型光刻胶出现时间较早，是较为传统的 EUV 光刻胶体系。我国在化学放大型 EUV 光刻胶领域几乎没有相关专利申请，故在该技术领域，我国企业存在较大专利风险。

在光致产酸剂技术领域，国外来华专利中存在较多的重要专利，这些重要专利不仅涉及光致产酸剂的选择以及形成等核心专利，还涉及光致产酸剂作为光刻胶共价链中聚合物侧链的延伸的外围专利技术，故布局较为完整。而国内在该技术领域仅具有较少的专利布局且没有相关的核心专利，故在该技术领域，我国企业存在重大专利风险。

在分子玻璃体系光刻胶技术领域，国外来华专利中具有少量重要专利，且主要涉及杯芳烃类分子玻璃体系光刻胶，布局较为零散。国内在该技术领域也具有一定数量的专利布局，主要集中于联苯型、双酚 A、酚基型等分子玻璃体系光刻胶上，可见国外来华专利和国内专利布局并没有明显重叠。故在该技术领域，我国企业的专利风险较小。

从上述分析可知，在 EUV 光刻胶领域，我国企业在化学放大型光刻胶技术领域以及光致产酸剂方面均存在较大专利风险，特别是在光致产酸剂技术领域，由于国外来华重要专利较多，布局较为完整，而国内相关专利较少，我国企业存在重大专利风险。至于分子玻璃体系光刻胶技术领域，风险较小。光致产酸剂是 EUV 光刻胶技术中非常重要的技术，其不仅影响光刻的分辨率，还影响光刻工艺的产气率，故光致产酸剂技术将是未来产业中必不可少的技术。总体来说，在 EUV 光刻胶技术领域，我国企业存在重大的专利风险。

3.2.3 集成电路封装领域

（1）BGA 载板技术

在 BGA 载板技术的全球专利申请中，中国籍申请人申请量为 751 项，占比为 36.6%（其中，大陆地区申请人申请量为 457 项，占比为 22.3%；台湾地区申请人申请量为 294 项，占比为 14.3%；美国籍申请人申请量为 618 项，占比为 30.1%；日本籍申请人申请量为 393 项，占比为 19.1%；韩国籍申请人申请量为 211 项，占比为 10.3%。可以看出，96% 的相关全球专利申请被美国、日本、中国和韩国籍申请人占有，说明该领域技术集中度非常高。其中，中国籍申请人是该领域最主要的申请人，其占有率高达 36.6%；美国次之；随后是日本和韩国。

从图 3－9 可以看出，美国、日本、中国和韩国籍申请人在 BGA 载板技术领域的历年专利申请量变化情况，不同时期的主要申请国家/地区不同。

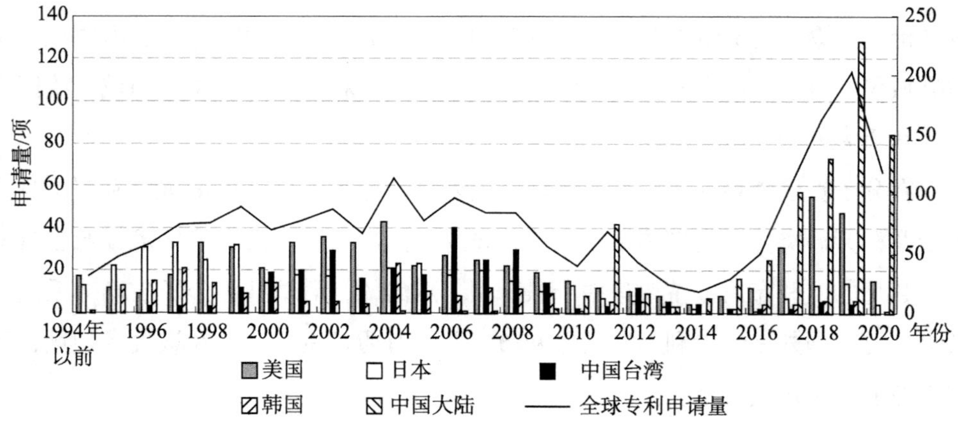

图 3-9　BGA 载板技术全球专利申请主要国家/地区专利申请趋势

窗口式和凹槽式 BGA 基板技术领域全球专利技术发展路线如图 3-10 和图 3-11所示。

窗口式 BGA 基板主要就是基板上开窗口以提供打线穿过基板键合至基板底部电路的路径，其主要是打线键合互连领域的产物，存在进一步微型化的障碍。但是对于当前的封装领域，其并不是可以抛弃的技术。因为并不是所有的芯片封装都要求达到超细节距的微型化，而越微型化成本就越高，采用打线互连可以以相对低的成本获得所需的封装尺寸，且工艺简单。参考其全球专利技术路线图，窗口式 BGA 基板技术主要结构基本相同，也就是说，最基础的结构已经在 1994~1995 年定型，随后的改进仅仅是某个细节（结构或方法）上的改变，但是仍旧未脱离其窗口式结构原型。简言之，技术发展上窗口式 BGA 基板技术已没有大的改变，因而技术相对成熟。

凹槽式 BGA 基板技术有以下几个发展方向：①从简单的单槽向多阶梯槽发展，以在厚度方向上形成多层布线连接而提高键合密度。②从基板内设置非贯通的盲槽以容纳芯片（要求基板的厚度必然要大于芯片的厚度），向基板上利用绝缘层制作围坝以容纳芯片，或基板内设置贯通槽结合底部支撑层甚至是临时支撑层（此时基板厚度可以等于芯片厚度）发展，从而进一步薄形化。③从置于凹槽内的芯片先打线键合后塑封埋置的先布线技术，向置于凹槽内的芯片先绝缘层覆盖埋置后图形化进行布线的后布线技术发展。其中先布线技术通常采用引线键合，而后布线技术通常基于光刻技术，因而后布线技术更适合器件微型化、

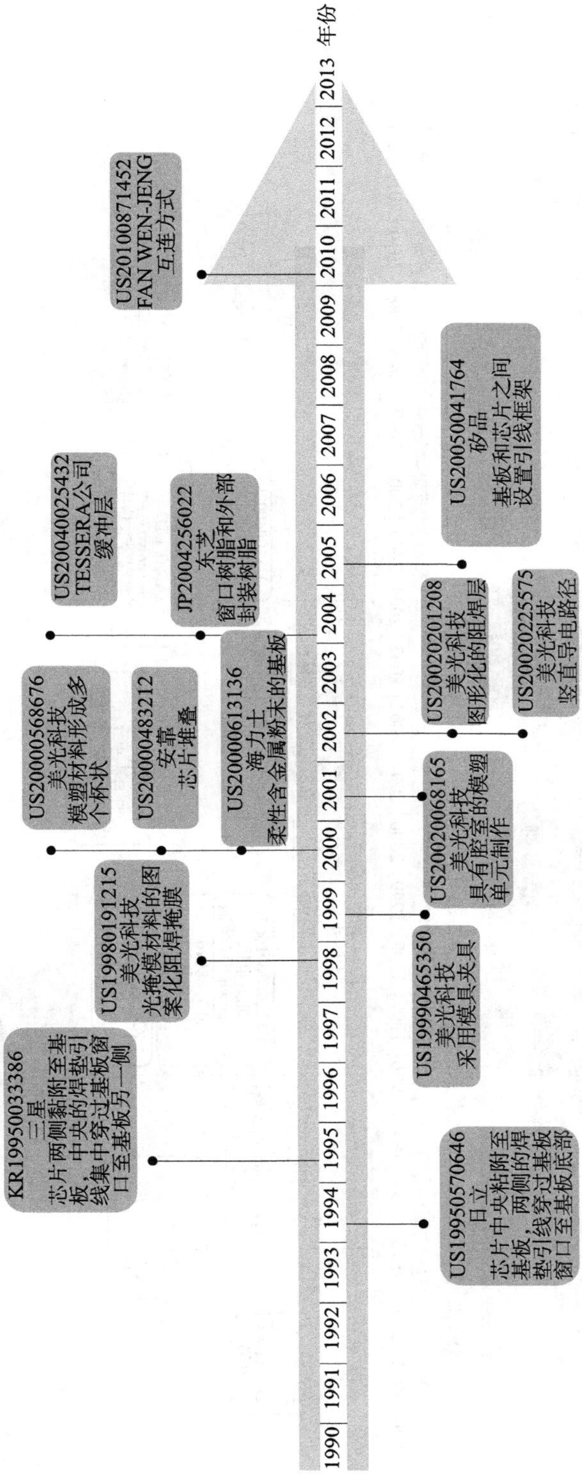

图 3-10 窗口式 BGA 基板技术领域全球专利技术路线

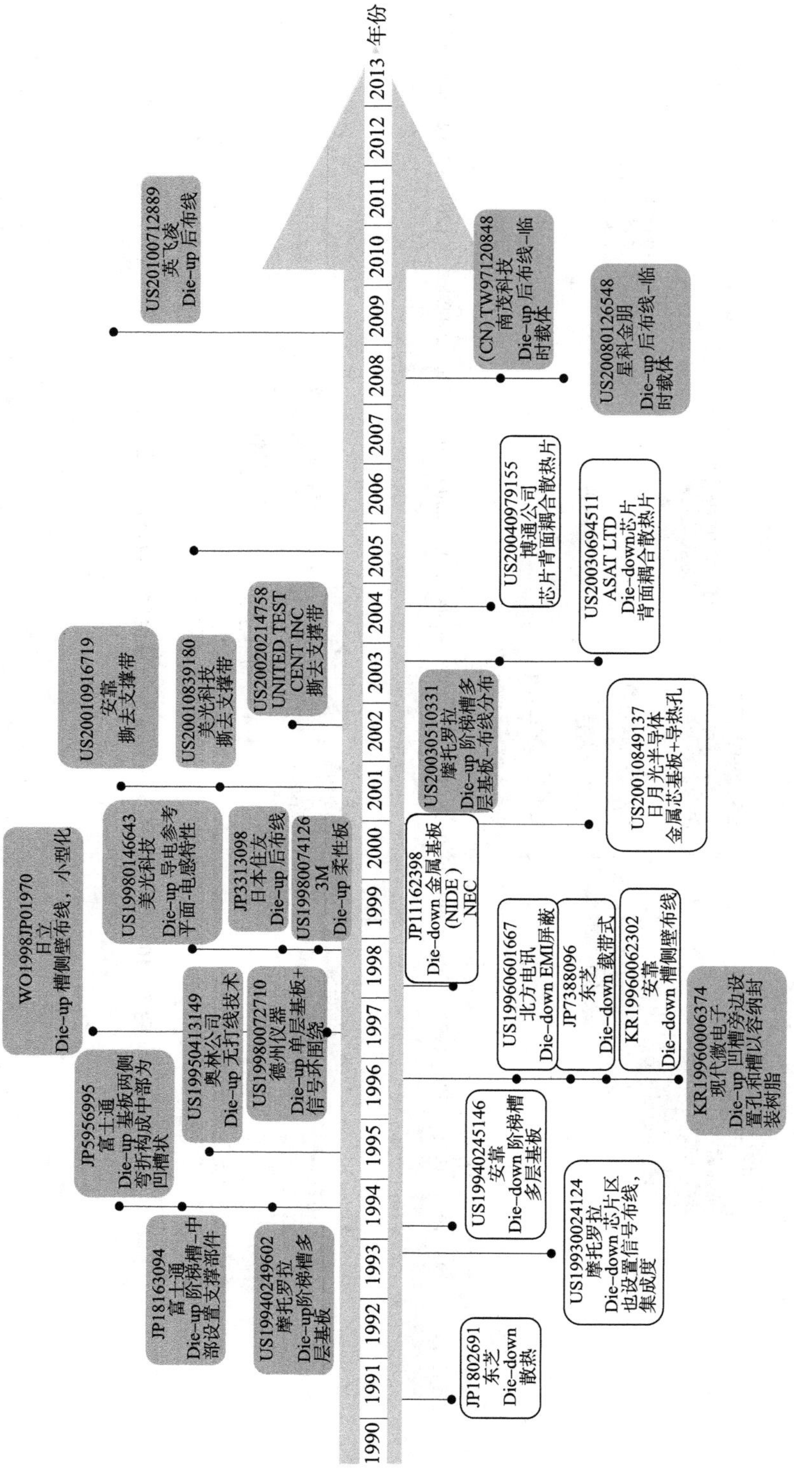

图 3-11 凹槽式 BGA 基板技术领域全球专利技术路线

高密度化，且电学可靠性更高。④材料上，从传统的刚性基板向柔性基板发展，从而可以吸收应力，降低对后续安装基板平整度的要求。⑤散热处理上，从传统的芯片直接贴装散热片向经散热通孔导热至外部散热片散热，以适应多层布线的微型化结构。

由窗口式和凹槽式 BGA 基板技术的外围专利布局（参见图 3 - 12、图 3 - 13）可以发现，美光科技对窗口式 BGA 基板技术的外围专利布局较多，涉及利用图案化的阻焊层暴露所需的区域提高电学可靠性、设置金属层导热或电磁屏蔽、互连方式、利用模具提高量产速率等。如图 3 - 13 所示，不同于窗口式 BGA 基板技术外围专利布局相对集中的情况，凹槽式 BGA 基板技术外围专利布局相对较少且分散。凹槽式 BGA 基板技术的专利布局并不集中，多个公司均有涉及，但外围专利布局不多。凹槽式 BGA 基板技术外围专利布局中，德州仪器的三件专利中前两件涉及的是围坝状的 Die-up 类型，第三件涉及利用第二封装基板实现基于后布线的封装，而摩托罗拉的三件外围专利分别涉及 Die-up 类型的不同凹槽结构——阶梯槽、围坝状槽和贯穿槽。

从国内企业专利风险角度来看，虽然国内申请人专利布局处于明显劣势，但是由于 BGA 基板技术已经相对成熟，国内企业在生产环节基本上不需要担心专利侵权问题。因为，首先，国外来华专利少，国内申请也不多，仍处于专利权维持状态的更少；其次，国外来华和国内专利涉及的是细节、局部改进，可以在生产时进行针对性规避；最后，总体上 BGA 基板技术早已定型，如若遇上专利侵权诉讼，被告方可以利用前述所列的早期专利、公布后视为撤回的专利申请对涉案专利提出相关无效宣告请求。

（2）WLCSP 技术

在 WLCSP 技术领域的全球专利申请中，美国籍申请人申请量为 781 项，占比为 26.4%；日本籍申请人申请量为 668 项，占比为 22.6%；中国籍申请人申请量为 966 项，占比为 32.5%；韩国籍申请人申请量为 321 项，占比为 10.9%。可以看出，92.4% 的相关全球专利申请被中国、美国、日本和韩国籍申请人占有，说明该领域技术集中度非常高。其中，中国籍申请人是该领域最主要的申请人，其申请量占比高达 32.5%，而美国与日本则分别以 26.4% 与 22.6% 占据 WLCSP 领域申请量的第二与第三位。可以看出，中国在 WLCSP 技术领域具有较强的实力。

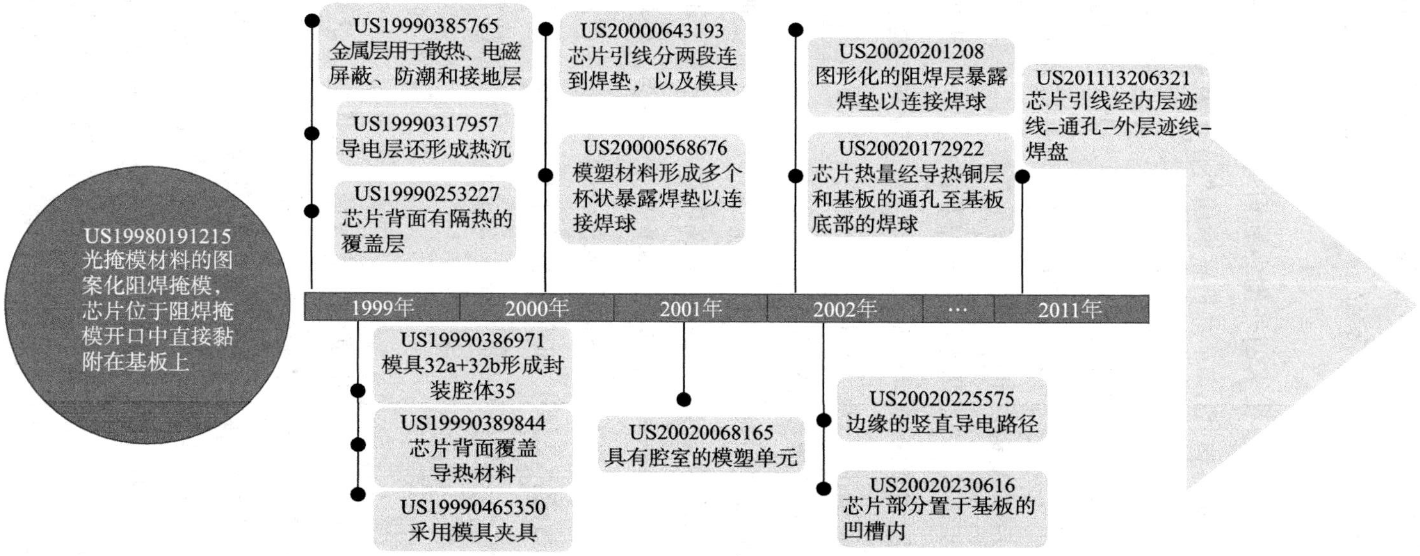

图 3-12 美光科技对窗口式 BGA 基板技术的外围专利布局

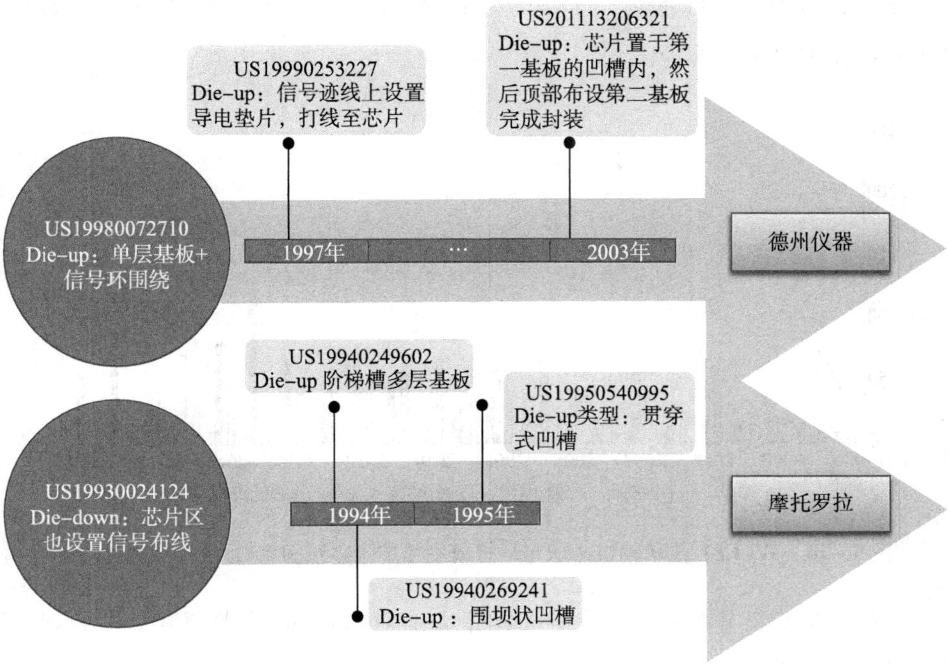

图 3－13 德州仪器和摩托罗拉对凹槽式 BGA 基板技术的外围专利布局

从图 3－14 所示的日本、美国、中国和韩国籍申请人在 WLCSP 技术领域的历年专利申请量变化情况可以看出，不同时期的主要申请人不同。美国籍申请人申请较早，且在 1998 年以前的申请量在全球排名第一；1999～2000 年，韩国籍申请人申请量全球最大；2002～2006 年，在美国籍申请人、韩国籍申请人申请量减少的情况下，日本籍申请人申请量迅速增长，位居全球申请量第一名，在 2009 年以前均保持着较高的申请量，可见在此期间该技术在日本得到较大的发展；2010 年，美国籍申请人申请量快速增长，再次位于全球第一，至 2018 年也一直保持着较高申请量；中国在 WLCSP 技术领域发展相对较晚，前期的申请量也较为平稳，但在 2011 年以后专利申请量增长势头迅猛，尤其 2012～2020 年中国籍申请人在全球的申请量均排名第一。总体而言，在不同时期里，美、中、日、韩四国在 WLCSP 技术专利申请中均有过全球最大申请量，可见该技术受到全球范围的关注，竞争也较激烈。2011 年以后，WLCSP 的申请量主要来自美国籍申请人和中国籍申请人，而日本籍申请人与韩国籍申请人的申请量明显减少，说明近年来在全球范围内，美国与中国对此技术发展的重视程度高、技术实力强。从整体来看，WLCSP 全球申请量在经过最初的快速增长和小幅波动后进入平缓期，这与多芯片封装技术的发展和需求导致更多的研发投入从单芯片转移至多芯片封装的趋势相适应。

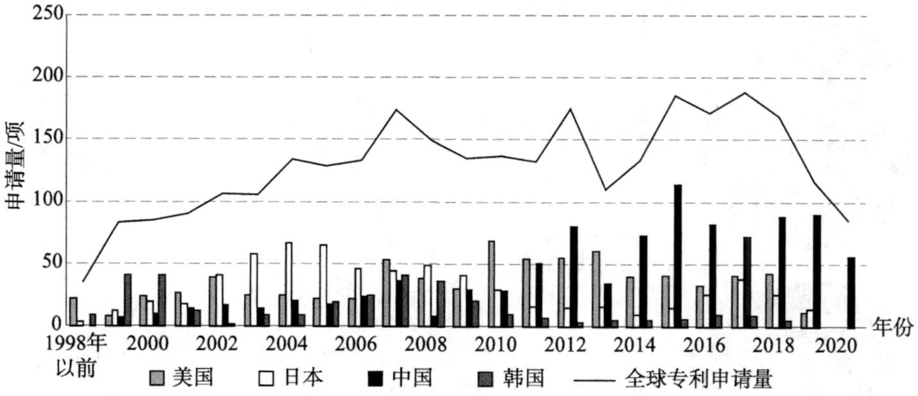

图3-14　WLCSP技术领域全球专利申请主要技术来源国家/地区专利申请趋势

下面从申请量分布和申请人分布两个方面对WLCSP技术领域中国专利申请的特点进行分析。

从一级技术分支来看，与全球申请的情况类似，WLCSP技术领域中国专利申请中，制作过程占比最大，达到37.5%，其次是凸点（23.0%）和布线层（11.1%）。同样地，在制作过程中，涉及最多的是除了MEMS与光电器件的其他器件，其占比达到44.6%。中国专利申请在凸点领域的占比与全球申请情况接近，然而中国专利申请量与全球相比，在制作过程领域的占比更大，而且相对于密封层/保护层而言，中国专利申请更倾向于布线层的改进。其中，在制作过程领域的申请量中，光电器件领域的申请占比在中国专利申请中明显大于全球申请。由此可见，在WLCSP技术领域中，国内申请人不局限于传统BGA形式WLCSP芯片封装的技术，而在影像传感器件、感光器件等光电器件以及MEMS器件的封装技术上也进行了较大的研发投入，且相对于全球而言，国内对光电器件WLCSP封装技术的研究更加重视。

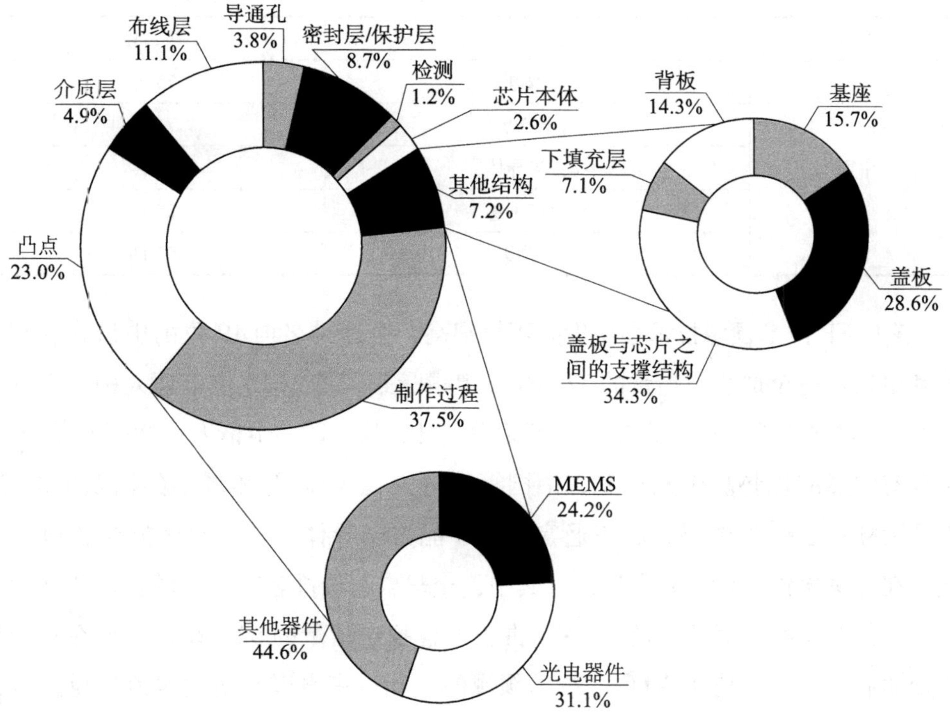

图 3-15　WLCSP 技术领域中国专利申请技术分支分布

以下从 WLCSP 技术领域主要申请人的角度给出对集成电路封装领域的专利分析主要结论，如表 3-7 所示。

表 3-7　WLCSP 技术领域主要申请人申请量分布

范围	主要申请人	申请量
全球	三星（韩国）	144 项
	台积电（中国）	140 项
	长电科技（中国）	139 项
	海力士（韩国）	95 项
	晶方半导体（中国）	68 项
	南通富士通（中国）	65 项
	松下（日本）	62 项
	藤仓（日本）	60 项
	冲电气（日本）	56 项
	罗姆（日本）	51 项

续表

范围	主要申请人	申请量
中国	台积电	75 件
	长电科技	74 件
	晶方半导体	68 件
	南通富士通	65 件
	天水华天	50 件

WLCSP 技术领域技术集中度并不算很高，全球排名前 10 位的申请人拥有的专利申请量占全球总申请量的 37.6%。申请量最多的前 10 位申请人中，日本占 4 个，中国占 4 个，韩国占 2 个，可见中、日、韩三国的申请人在 WLCSP 技术领域具有明显的优势。由此可见，中国籍申请人在 WLCSP 领域中的活跃度较高，其中大陆地区的长电科技、南通富士通、晶方半导体，台湾地区的台积电等企业，在全球申请中处于领先地位。其中，全球申请量排名第三位的长电科技的申请中，包括星科金朋的申请 74 件，占长电科技申请量的 62.7%，可见在收购星科金朋后，长电科技在 WLCSP 技术领域的专利占有量以及研发实力均得到很大的提升。

WLSCP 技术领域中国专利申请量排名前 5 位的申请人中，台积电位列第一，长电科技位列第二，其次是晶方半导体、南通富士通、天水华天。与全球申请人排序有所差别的是，全球前 5 位的韩国籍申请人三星、海士力均未在中国申请总量中排进前 5 位。

总体而言，中国籍申请人在国内的 WLCSP 技术领域专利申请中占有绝对优势，但国内企业在进行技术创新和专利布局时，仍需要留意国外潜在的对手企业。

图 3－16 列出了 WLCSP 技术领域中国申请量最大的前 5 名申请人在不同技术分支的分布情况。整体来看，关注度最高的是凸点技术，尤其南通富士通、台积电的专利申请重点都在凸点方面。从该图中可以看出不同申请人的技术关注点。南通富士通主要以凸点为改进方向，其次关注密封层/保护层的改进与其他器件的制作过程，可见南通富士通着重基于传统 BGA 形式的 WLCSP 芯片的改进。台积电的次要关注点为布线层和介质层，可见其对于电连接性能的改进十分重视，在不同的器件制作中均有涉及。长电科技在各个改进方向都存在较均衡的发展，在制作过程领域偏向传统芯片形式的制作过程的改进。晶方半导体虽然申

请量位于国内第三，然而其技术重点明显区别于其他几位申请人。具体而言，其在光电器件封装方法技术分支的申请量最多，其次是在其他结构如盖板、盖板与芯片间的支撑结构等技术分支的改进最多。可以发现，无论是封装方法还是结构，晶方半导体主要是以光电器件或MEMS形式的封装为改进对象，而非传统的封装，说明其技术专业性强，专利布局方向与自身技术定位符合。

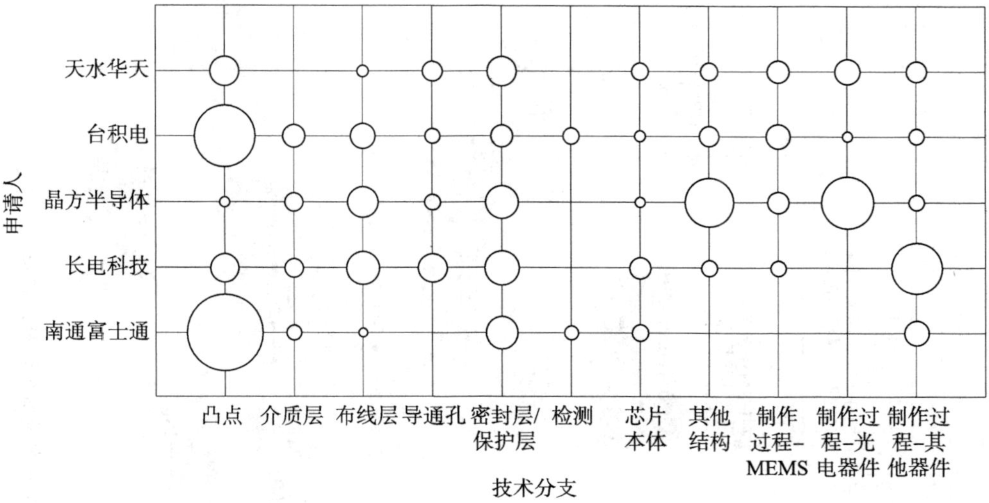

图3-16　WLCSP技术领域中国前5名申请人的技术分支分布

以下介绍WLCSP技术领域凸点技术分支专利发展路线。

图3-17显示了WLCSP凸点技术领域全球技术发展路线。整体而言，可以根据凸点的结构，将其划分为焊料凸点以及非焊料的其他部件。非焊料的其他部件可以进一步分为导电部件与非导电部件。导电部件中包括柱电极、金属凸块、UBM等结构，非导电部件中包括为缓解凸点应力而设置的树脂凸块等结构。

图3-18显示了WLCSP凸点技术领域的核心专利和外围专利布局情况。在WLCSP凸点技术方面，美光科技的专利US19960612059属于核心专利和基础专利。后续关于WLCSP焊料凸点方面的改进主要围绕在凸点外端部、凸点内部结构的改进上。对于凸点外端部的改进，第一方面是焊料凸点的制作工艺。2002年，美光科技采用印刷法在晶片上形成焊料并回流形成凸点；新加坡的先进封装私人公司通过在形成焊料凸点前减少凸点下方保护层高度，使后续形成的焊料凸点更多地包覆焊料下凸柱的顶部。2003年，美光科技采用可承受焊料凸点回流温度的坝材料限定凸点形状和位置。第二方面是对于焊料凸点形状的改进。2002

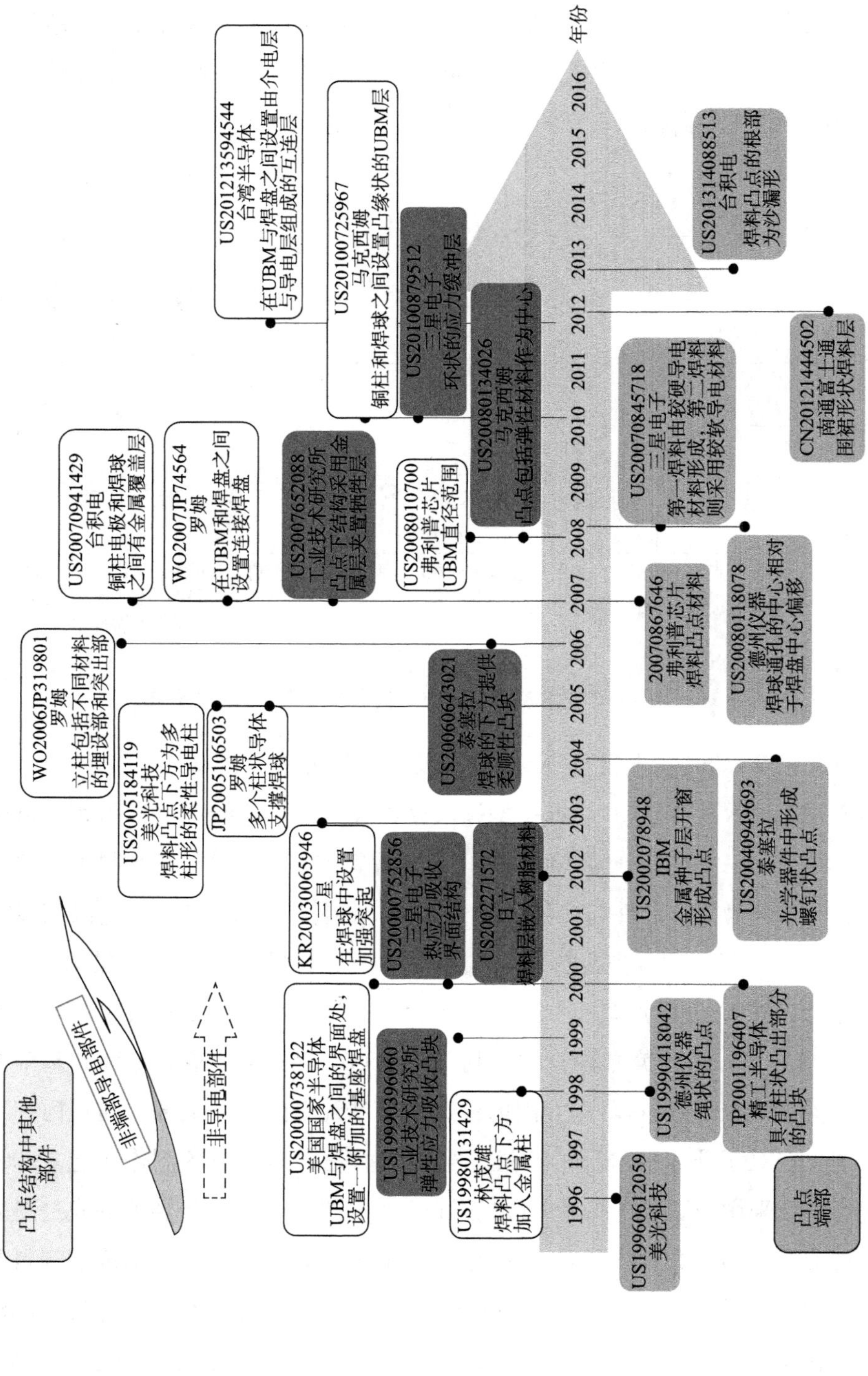

图3-17　WLCSP凸点技术领域全球技术路线

年，美光科技对凸点结构进行改进，使得焊料凸点具有顶部和伸长的尾部，形成钉状结构；2004 年，泰塞拉采用顶部为圆锥体的螺钉状的凸点；2006 年，美光科技采用堆叠的焊料球凸点，增加芯片与衬底间的连接距离。第三方面是焊料凸点的材料。2004 年，美光科技采用导电聚合物作为凸点端子；2005 年，泰塞拉采用易熔性的材料形成凸点。在凸点内部结构的改进上，一方面是导电部件，1999 年，美光科技在焊球与芯片焊盘之间加入 UBM 和导电柱，并于 2005 年采用在焊料层与芯片焊盘之间设置具有梳状的导电块；另一方面是非导电部件，1999 年，工业技术研究所在焊球及 UBM 结构下方进一步设置有弹性的应力吸收绝缘凸块。

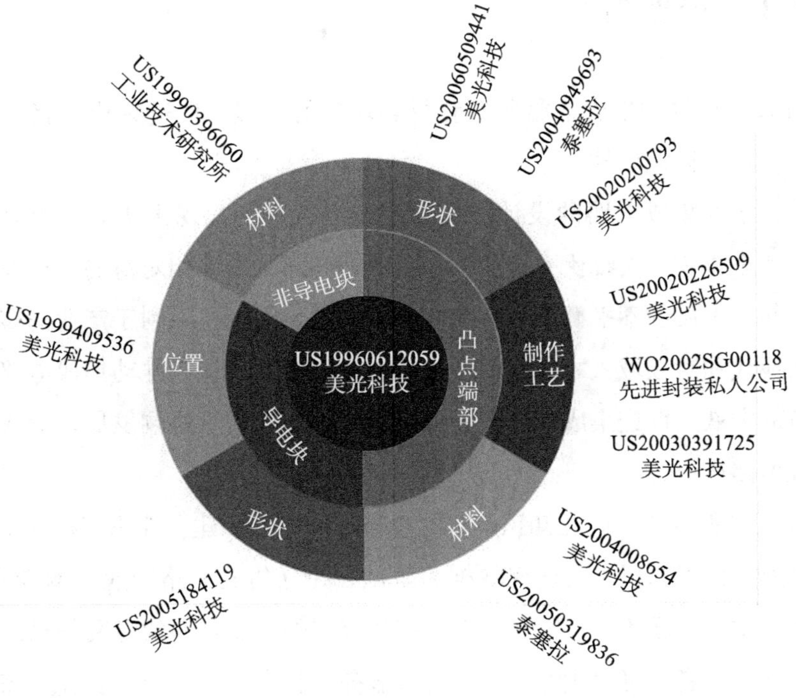

图 3－18　WLCSP 凸点技术领域的核心专利和外围专利

根据图 3－17 所示的 WLCSP 凸点技术发展路线中的重要专利以及图 3－18 中所示的核心专利和外围专利，可以知道这些专利申请的申请人主要为国外申请人。虽然这些专利并非全部都在中国进行了申请，然而对于国内企业而言，仍存在一定的专利风险。国内企业一方面可以在生产过程中，通过细节的改变来规避侵权风险；另一方面，也可以通过技术细节的改进来积极进行外围专利的布局，巩固自身的风险对抗能力。

4 对策建议

4.1 产业方面

（1）积极推动集成电路制造和封装环节的发展，促进集成电路产业链各环节相互支撑、协调发展

广东省在集成电路的设计方面发展较有优势，涌现出华为、中兴、炬力集成、珠海全志等一大批优秀企业；而在制造和封装方面相对薄弱，产业还有待升级、更新。发展的不平衡不仅会造成竞争力的下降，也不利于产业的聚集、技术的更新换代和对领域人才的吸引。因此，需要政府来积极推动集成电路制造和封装环节的发展，促进集成电路产业链各环节相互支撑、协调发展，形成良性发展的集成电路产业链。

（2）加强企业之间在知识产权管理方面的合作，建立知识产权共享平台

政府层面可以以本书研究数据为基础，建立集成电路产业专题专利数据库，为企业提供信息服务和保障，动态跟踪研究国外重点企业的专利信息。政府作为引导者和组织者，可提供知识产权公共服务，整合企业、行业协会、高校、科研院所、知识产权服务机构等相关资源，促进知识产权共享平台/专利联盟的建立，并引导联盟企业建立和完善专利管理制度，解决专利联盟中可能出现的利益分配等问题；运用法律和行政手段推动共享平台/专利联盟的发展，发挥其协调和监督作用，加强制度建设，借鉴国外先进的经验，通过法律法规来规范专利联盟的健康发展。另外，政府还可通过整合各方面资源建设行业知识产权公共信息平台，提供专利联盟方面的信息咨询入口，为其运行提供保障和支撑；制定产业技术导向政策、资金支持政策、科技奖励政策、税收优惠政策等，提供多种形式的

扶持，引导和激发企业的创新活动，调动企业创新的积极性。

（3）引导企业通过产学研合作，加快提升技术水平

广东省政府可以围绕产业链部署创新链，围绕创新链配置资源链，加强关键核心技术攻关，加快科技成果产业化，提高关键环节和重点领域的创新能力。可以选择合适的高校和科研院所进行相关领域的合作研发。例如，对于设计领域，可以考虑中科院微电子所的李志强研究小组（该团队研究重点在于射频技术）以及中国科学院计算技术研究所的高文研究小组；在制造方面，可以考虑中科院微电子所的朱慧珑团队（该团队的研究重点在于图形转移的刻蚀技术）以及清华大学的王敬研究小组、中国科学院上海微系统与信息技术研究所的宋志棠研究小组；封装领域，可以考虑清华大学的蔡坚研究小组、北京工业大学的安彤研究小组以及华中科技大学的刘胜研究小组。

4.2 技术方面

（1）国内企业和科研院所可密切关注主流技术发展趋势，准确制定发展方向

企业可以通过专利信息来密切关注产业发展动态，找准研发切入点，集中有限的人力、物力和财力资源有重点地进行投入。表4－1给出的是集成电路领域热门技术方向及相关企业的信息。

表4－1 集成电路领域热门技术方向及相关企业

领域	技术分支	热点/重点技术方向	可关注的企业
设计	多媒体芯片设计	多视点图像和立体视频编码	松下、三星
	电源管理IC	非隔离型电感式DC-DC转换技术	英特赛尔、精工电子、矽力杰
	通用处理器	电源/功耗管理、多线程、协处理器	ARM、英特尔
制造	图形光刻	双重（多重）图形光刻	海力士、IBM
		EUV光刻技术	住友化学、卡尔蔡司
封装	BGA	布线/端子	长电科技、三星
	WLCSP	凸点	南通富士通、台积电

在集成电路设计领域，多媒体芯片设计领域专利技术主要集中在多视点图像和立体视频编码技术上，可持续关注松下、三星等国外企业的研发动向；电源管理IC技术领域专利技术主要集中在非隔离型电感式DC-DC转换技术等分支上，可持续跟踪英特赛尔、精工电子和矽力杰等国内外企业的研发动向；通用处理器

技术领域技术发展的热点集中在电源/功耗管理、多线程、协处理器等技术上，可持续关注 ARM 和英特尔的研发动向。

在集成电路制造领域，图形光刻技术领域专利技术主要集中在双重（多重）图形光刻和 EUV 光刻技术上，EUV 光刻技术仍然处于研究、试产阶段，因此，主要关注双重（多重）图形光刻中的单次 SADP 技术以及重复 SADP 技术，可持续关注韩国的海力士、美国的 IBM 和中国的中芯国际等国内外企业的研发动向。

在集成电路封装领域，BGA 技术和 WLCSP 技术作为现阶段封装领域的主流技术以及热点技术而被广泛关注。BGA 技术领域专利技术主要集中在基板的布线/端子技术上，因此可以持续关注中国的长电科技以及韩国的三星的研发动向。WLCSP 技术领域专利技术主要集中在凸点技术上，而在 WLCSP 的凸点技术上中国企业也具有较强的实力，特别是南通富士通与台积电对凸点技术的布局十分重视，国内其他企业在发展凸点技术的过程中，可以持续跟进这两家公司在凸点技术上的发展动向。

（2）国内企业和科研院所可根据各技术方向的风险程度采取针对性的技术发展策略

表4－2为笔者根据一些技术领域/方向的风险程度给出的技术发展策略建议。

表4－2　集成电路领域各技术领域/方向的风险程度及技术发展策略建议

领域	风险情况	涉及技术领域/方向	技术发展策略建议
设计	高	通用处理器指令集架构设计； 电源管理 IC 控制 PWM 模式与 PFM 模式切换、降低检测输出电感损耗、降低反向恢复损耗	引进技术和设备/进行自主研发进行外围布局以突破国外技术垄断
	较高	多媒体芯片领域多视点图像和立体视频编码	跟进研发和集中力量进行突破并进的策略
	中/较低	电源管理 IC 利用开关元件降低损耗、循环利用能量降低损耗；根据负载情况选择电源	进一步加强研发投入以争取在该方向上形成规模研究效应

续表

领域	风险情况	涉及技术领域/方向	技术发展策略建议
制造	较低	EUV 分子玻璃体系光刻胶、新型多层反射膜掩模	进一步加强研发投入以争取在该方向上形成规模研究效应
	较高	双重图形光刻 SADP 芯轴材料、侧墙材料；双重图形光刻 LELE 硬掩模材料、方法及光刻胶处理；EUV 光化学放大光刻胶、掩模的吸收层	跟进研发和集中力量进行突破并进
	高	双重图形光刻 SADP 芯轴方法、侧墙方法和具体器件应用方向	引进技术和设备/进行自主研发进行外围布局以突破国外技术垄断
封装	高	WLCSP、凸点	引进技术，加强投入，争取突破
	低	BGA 窗口式载板、凹槽式载板	积极利用早期的重点专利

存在重大专利风险的方向包括通用处理器领域指令集架构设计，电源管理 IC 领域控制 PWM 模式与 PFM 模式之间的切换、降低检测输出电感电流的损耗、降低反向恢复损耗等方向，双重（多重）图形光刻 SADP 技术中的芯轴方法、侧墙方法和具体器件应用方向，WLCSP 技术中的凸点技术方向等。

国内申请空白的认定为存在专利较大风险的方向，比如多媒体芯片领域多视点图像和立体视频编码，双重（多重）图形光刻 SADP 技术中的芯轴材料、侧墙材料方向，LELE 技术中的硬掩模材料及其方法以及光刻胶处理方向，EUV 光刻中用于掩模的吸收层、化学放大光刻胶方向。

专利风险较小的方向包括电源管理 IC 利用开关元件降低损耗、循环利用能量降低损耗，根据负载情况选择电源方向，EUV 光刻领域中的分子玻璃体系光刻胶、用于掩模的新型多层反射膜方向，BGA 窗口式载板技术、凹槽式载板技术方向。可以考虑进一步加强研发投入以争取在这些方向上形成规模研究效应，以提高突破专利壁垒的可能性。

（3）企业可通过合作、并购，整合产业技术，快速提高企业技术实力

通过合作、并购可以帮助企业迅速提高企业技术实力，如广东省内集成电路设计领域龙头企业华为，早期通过与赛门铁克等公司的合作，提高自己在开发存储和安全产品方面的技术实力，并于 2011 年直接收购华赛，继续巩固自己在信息安全和存储领域产品技术实力；又如我国台湾地区封装领域的龙头企业日月光集团，通过并购摩托罗拉以及日本 NEC 的封装厂，使自己在封装测试领域迅速

成长，从而成为全球第一大集成电路封测公司；再如我国大陆地区封测领域龙头企业长电科技，通过收购全球排名第四的星科金朋，跻身全球前三，且使得业务互补，在高端封装产能方面实现全面的自主可控。在广东省内集成电路产业整体水平低于国外企业甚至国内其他地区整体发展水平的情形下，省内企业可以借鉴上述企业的迅速成长经验，通过合作和并购的方式整合产业技术，以快速提高技术实力，为赶超国内发达区域发展水平提供可能性。

（4）企业应当密切关注那些可能影响和制约国内企业发展的外国公司在华专利，积极采取有效应对措施，将可能的知识产权风险降到最小

本书建议广东省相关企业应当密切关注那些可能影响和制约国内企业发展的外国公司在华专利，积极采取有效应对措施，将可能的知识产权风险降到最小。针对尚未授权且可能构成风险的专利申请，企业也应予以重点关注。根据目前的研究，建议企业关注表4－3所列专利/专利申请。

表4－3　建议广东省企业重点关注的集成电路领域重点专利/专利申请

领域	申请号	申请人	发明名称
制造	CN201010578450.0	海力士	在半导体器件中形成接触孔的方法
	CN201080056224.4	圣戈班	用于研磨轮的磨料物品
	CN201110216992.8	3M创新有限公司	层压体以及用该层压体制造超薄基片的方法和设备
	CN201280059387.7	应用材料公司	用于铜阻挡层应用的掺杂的氮化钽
	CN201310181024.7	IBM	铜互连结构及其形成方法
	CN201310611892.4	格罗方德	在铜基导电结构上形成石墨衬垫及/或顶盖层的方法
封装	CN201110176823.6	马克西姆	具有包含势垒金属的凸块组合件的晶片级封装（WLP）装置
	CN201310126561.1	拉碧斯半导体株式会社	半导体装置的制造方法
	CN201510093046.7	马克西姆	提高了板级可靠性的晶片级封装装置
	CN201410504259.X	马克西姆	具有构造用于提供吸震功能的隆起组件的晶片级芯片尺寸封装装置
	CN201410229821.2	江阴长电封装有限公司	一种晶圆级铜柱凸块结构的金属帽的形成方法
	CN201310308953.X	乐金	焊球凸块结构及其形成方法
	CN201510255996.5	南通富士通	晶圆级芯片封装结构
	CN201510941387.5	华进半导体	无模板法的晶圆植球工艺
	CN201410858126.2	毅宝力科技有限公司	制造腔向下制作载体的系统和方法

（5）关注集成电路诉讼高发领域和主要诉讼专利权人，防范专利侵权风险

以美国为例，集成电路设计领域的主要诉讼专利权人包括亚德诺半导体以及三星等，诉讼主要集中在存储器，具体涉及非易失性存储器、动态随机存储器、可编程存储器等，其中关于AD-DA转换技术的专利诉讼亚德诺半导体的占比达到52.4%，需要重点关注该企业的相关专利；制造领域的主要诉讼专利权人为台积电、株式会社半导体能源研究所、三星等，刻蚀、掺杂、薄膜这三个分支分别占据27%、22%、21%，需要重点关注台积电的相关专利；封装领域的诉讼专利权人较为分散，涉及分支主要包括单芯片封装和封装测试，其中封装测试的诉讼相对集中，是封装领域的诉讼高发区，而单芯片涉及诉讼的技术分支比较分散。在上述技术领域中，广东省除了在存储器、多媒体等领域具有一定专利布局外，在其他领域较为薄弱，应避免与国外大型企业的正面碰撞，可以尝试在那些国外大型企业相对忽视的外围相关核心技术领域或交叉领域积极进行专利布局，构建自主研发的成套专利包，从而提升自己的话语权，促成与国外企业的交叉许可或者以相对较小的代价获得技术许可。

附录　技术分解表

附表 1　集成电路设计技术分解表

一级分支	二级分支	三级分支	四级分支	五级分支	六级分支	七级分支
集成电路设计	模拟电路类	标准模拟电路	放大器	前端放大器	低噪声放大器	
					高灵敏度放大器	
				高增益放大器	自动增益放大器	
					程控功率放大器	
				功率放大器	模拟类	
					数字类	
			锁相环	零部件改进	鉴相器	
					压控振荡器	
					分频器	
					电荷泵及滤波器	
				环路整体改进	多个环路	
					环路中或环路外加入额外部件	

续表

一级分支	二级分支	三级分支	四级分支	五级分支	六级分支	七级分支
集成电路设计	模拟电路类	标准模拟电路	模数转换器	Pipelined ADC	模拟校准	对采样电路进行校正
						对放大器进行校准
					数字校准	采用自适应算法校准
						采用伪随机数校准
				SAR ADC	基准源的设计	
					开关电容 DAC 阵列	
					比较器	
				时间交织 ADC	采样时刻偏差	时钟分频电路
					SUB ADC 失配	SUB ADC 增益失配
						SUB ADC 带宽失配
				Flash ADC		
				Pipelined SAR ADC		
			数模转换器			
			滤波器			
			比较器			
			参考电路			
		专用模拟电路	电源管理 IC	线性电源	LDO	
				开关电源	AC－DC	
					DC－DC	
			RF	发射机、接收机		
				调制、解调		

续表

一级分支	二级分支	三级分支	四级分支	五级分支	六级分支	七级分支
集成电路设计	逻辑电路类	缓冲器				
		驱动器				
		电平转换器				
		采样、保持器				
	存储器	存储阵列	铁电式			
			磁阻式			
			相变式			
			可变电阻式			
		读写控制	时序控制			
			灵敏放大器			
			其他			
		译码单元	电路结构			
			布线			
			其他			
	处理器	功耗	存储器优化			
			电源管理（频率、电压、功率调整）			
			时钟			
			处理器切换、核切换			
		功能	音视频类 IC	协议处理		
				功能增强	解码	
					抗噪	
					回声处理	
			通信类 IC			
			显示触控类 IC			
			智能穿戴类 IC			

附表 2　集成电路制造技术分解表

一级分支	二级分支	三级分支	四级分支	五级分支	六级分支	七级分支	八级分支
集成电路制造	氧化工艺	热氧化	干氧	温度			
				压力			
				辅助材料	掺卤素	无水 HCl	
						三氯乙烯	
						三氯乙烷	
						氯气	
						其他	
					掺氮		
			湿氧	温度			
				辅助材料或工艺	掺卤素		
					掺氮		
					氢氧合成		
					其他		
			水汽	温度			
				压力			
				辅助材料	掺卤素		
					氢氧合成		
		低温（相对于热氧化）氧化	掺氟法				
			臭氧法	紫外线			
				臭氧水			
				其他			

续表

一级分支	二级分支	三级分支	四级分支	五级分支	六级分支	七级分支	八级分支
集成电路制造	氧化工艺	低温（相对于热氧化）氧化	等离子氧化法	阳极氧化（热）	气压		
					放电方式	直流	直流
						交流	交流
						射频	射频
						微波	微波
				磁控管等离子			
				负氧离子氧化			
				微波等离子氧化（热）	氧气比例		
					压力		
					微波产生方式		
				其他			
	图形转移	光刻工艺	双重图形工艺	两次 Litho	LLE		
					LPLE	正胶 - 正胶	
						正胶 - 负胶	
						固胶	化学冷冻
							heat/Ion/UV 固胶
					LELE	硬掩模材料选择和形成	
						光刻胶处理	

续表

一级分支	二级分支	三级分支	四级分支	五级分支	六级分支	七级分支	八级分支
集成电路制造	图形转移	光刻工艺	双重图形工艺	两次 Litho	LELE	其他	
					Line and Cut		
				单次 Litho	SADP	芯轴	材料选择
							形成及处理方法
							其他
						间隔	材料选择
							形成及处理方法
							其他
						具体器件应用	不同尺寸器件集成
							接触孔
							其他
				其他			
			多重图形工艺	重复 LELE			
				重复 SADP			
				混合工艺	LELE 和 SADP		
					其他		
			极紫外工艺	掩模	反射层	材料选择	Mo/Si
							其他材料
						形成方法	

续表

一级分支	二级分支	三级分支	四级分支	五级分支	六级分支	七级分支	八级分支
集成电路制造	图形转移	光刻工艺	极紫外工艺	掩模	吸收层	材料选择	
						形成方法	
					衬底	材料选择	石英
							其他
						形成方法	
					其他		
				光刻胶	化学放大型光刻胶	材料选择	
						形成方法	
					非化学放大型光刻胶	材料选择	
						形成方法	
					分子玻璃体系光刻胶	材料选择	
						形成方法	
					光致产酸剂	材料选择	
						形成方法	
					其他		
				保护胶			
				放气、污染处理			
				其他			

续表

一级分支	二级分支	三级分支	四级分支	五级分支	六级分支	七级分支	八级分支
集成电路制造	图形转移	光刻工艺	纳米压印工艺	紫外压印	模板	石英	
						其他	
					光刻胶	材料	
						涂布工艺	
						紫外固化处理参数	
						其他	
					其他		
				热压印	模板		
					光刻胶	材料	
						涂布工艺	
						加热软化处理参数	
						其他	
					其他		
				微接触纳米压印	模板	聚二甲基硅氧烷	
						其他	
					泡液	硫醇液	
						其他	
					待图形层	衬底	
						自组装参数	
						其他	
					其他		

续表

一级分支	二级分支	三级分支	四级分支	五级分支	六级分支	七级分支	八级分支
集成电路制造	图形转移	光刻工艺	纳米压印工艺	毛细管模板法	模板		
					液态聚合物	材料	
						填充方式及固化	
						其他	
				其他			
			DSA定向自组装工艺	图形外延	刷层	材料	聚苯乙烯
							其他
						涂布方法	
						其他	
					光刻胶		
					共聚物	材料	
						涂布方法	
						自组装方法	烘烤
							其他方法
						其他	
					其他		
				化学外延	刷层	材料	
						涂布方法	
						刷层处理方法	氧化
							其他方法
						其他	

续表

一级分支	二级分支	三级分支	四级分支	五级分支	六级分支	七级分支	八级分支
集成电路制造	图形转移	光刻工艺	DSA 定向自组装工艺	化学外延	光刻胶		
					共聚物	材料	
						涂布方法	
						自组装方法	烘烤
							其他方法
						其他	
					其他		
			电子束光刻工艺	其他			
				电子束直写工艺	电子束	束斑大小	
						种类	单束
							多束
						其他	
					光刻胶	聚甲基丙烯酸甲酯	
						化学放大胶	
						HSQ	
						ZEP	
						其他	
					其他		
				电子束投影工艺	电子束	束斑大小	
						种类	单束
							多束

续表

一级分支	二级分支	三级分支	四级分支	五级分支	六级分支	七级分支	八级分支
集成电路制造	图形转移	光刻工艺	电子束光刻工艺	电子束投影工艺	电子束	其他	
					光刻胶	聚甲基丙烯酸甲酯	
						化学放大胶	
						HSQ	
						ZEP	
						其他	
					其他		
				其他			
			离子束光刻工艺	直写式			
				投影式			
				其他			
			X 射线光刻工艺	掩模			
				光刻胶			
				其他			
			其他				
		刻蚀工艺	湿法刻蚀	清洗	有机		
					无机		
				腐蚀			
			干法刻蚀	硅基板刻蚀			
				介质膜刻蚀			
				多晶硅刻蚀			
				金属刻蚀			
				其他			

续表

一级分支	二级分支	三级分支	四级分支	五级分支	六级分支	七级分支	八级分支
集成电路制造	薄膜制备	物理气相沉积	蒸发	电子束加热			
				激光束加热			
				电阻加热			
				辐射加热蒸发源			
				高频感应加热			
			溅射	直流			
				射频	磁控溅射		
		化学气相沉积	按压力分	常压 CVD			
				低压（LP）CVD			
				亚常压 CVD，SACVD			
				超高真空 CVD，UHCVD			
		外延	气相外延 VPE	分子束外延			
				MOCVD			
			液相外延 LPE				
			固相外延 SPE				

续表

一级分支	二级分支	三级分支	四级分支	五级分支	六级分支	七级分支	八级分支
集成电路制造	掺杂与退火	扩散掺杂	气态源扩散	硼扩散			
				磷扩散			
				其他			
			液态源扩散	硼扩散			
				磷扩散			
				其他			
			固态源扩散	硼扩散			
				磷扩散			
				其他			
		离子注入掺杂	离子注入	束线离子注入	P/N 阱注入		
					源漏注入		
					隔离注入		
					埋层注入		
					其他		
				等离子体浸没离子注入			
		退火再分布	传统退火	管式炉热退火			
			射束退火	激光退火	可见光		
					红外光		
					紫外光		
					其他		

续表

一级分支	二级分支	三级分支	四级分支	五级分支	六级分支	七级分支	八级分支
集成电路制造	掺杂与退火	退火再分布	射束退火	电子束退火			
			快速热退火	红外辐射			
				脉冲 X 射线			
				石墨条发热体			
				卤钨灯			
				弧光灯			
	晶圆减薄技术	机械法	研磨法	研磨	所用装置和材料	保护结构	
						研磨剂	
						其他	
					工艺参数		
					其他		
				研磨后的清洗			
				其他			
			磨削法	磨削	所用装置和材料	保护结构	
						砂轮	
						真空夹持吸盘	
						其他	
					工艺技术	分阶段磨削	
						Taiko 工艺	
						其他	
					工艺参数		

续表

一级分支	二级分支	三级分支	四级分支	五级分支	六级分支	七级分支	八级分支
集成电路制造	晶圆减薄技术	机械法	磨削法	磨削后的清洗			
				其他			
			干式抛光	抛光	所用装置和材料	抛光轮/磨轮	
						其他	
					其他		
				清洗			
				其他			
		化学法	湿式腐蚀	腐蚀	所用装置和材料	腐蚀液	
						其他	
					工艺技术	沉浸法	
						晶圆旋转法	
						其他	
					工艺参数		
					其他		
				清洗			
				其他			
			电化学腐蚀	腐蚀	所用装置和材料	腐蚀液	
						其他	
					工艺技术		
					工艺参数		
					其他		

续表

一级分支	二级分支	三级分支	四级分支	五级分支	六级分支	七级分支	八级分支
集成电路制造	晶圆减薄技术	化学法	电化学腐蚀	清洗			
				其他			
			等离子腐蚀	检测			
				腐蚀	所用装置和材料		
					工艺参数		
					其他		
				清洗			
				其他			
		机械+化学	化学机械抛光	抛光	所用装置和材料	抛光机	
						抛光垫	
						抛光液	
						其他	
					工艺参数	温度	
						压力	
						抛光垫速度和晶片速度	
						其他	
					工艺技术	固结磨料化学机械抛光	
						无磨料化学机械抛光技术	

续表

一级分支	二级分支	三级分支	四级分支	五级分支	六级分支	七级分支	八级分支
集成电路制造	晶圆减薄技术	机械 + 化学	化学机械抛光	抛光	工艺技术	无抛光垫化学机械抛光技术	
						其他	
					其他		
				在线检测			
				后 CMP 清洗			
				其他			
		技术组合使用	磨削 + 研磨				
			磨削 + CMP				
			磨削 + 干法抛光				
			磨削 + 湿式腐蚀				
			磨削 + ADPE				
			磨削 + PACE				
			智能剥离 + CMP				
			其他				
		其他	智能剥离技术				
			其他				

续表

一级分支	二级分支	三级分支	四级分支	五级分支	六级分支	七级分支	八级分支
集成电路制造	集成电路互连	铜互连	铜互连线	材料	铜		
					铜合金		
					铜/铜合金		
				形成工艺	化学气相沉积		
					物理气相沉积	真空蒸镀	
						溅射镀膜	
						其他	
					电化学沉积		
					无电镀沉积		
					其他		
				平坦化	化学机械研磨	研磨液	
						研磨设备	
						其他	
					电化学抛光	电解液	
						电解设备	
						其他	
					蚀刻	干法	
						湿法	
				退火			

续表

一级分支	二级分支	三级分支	四级分支	五级分支	六级分支	七级分支	八级分支
集成电路制造	集成电路互连	铜互连	铜互连线	研磨后修复			
				后处理去残留物	气相		
					液相		
				前处理去污染物	气相		
					液相		
				去自然氧化物	气相		
					液相		
				掺杂			
				硅化			
				激光切割			
				其他			
			籽晶层	材料	含钌		
					含钴		
					含钨		
					含铜		
					其余合金		
					其他		
				形成工艺	化学气相沉积	原子层沉积	
						其他	
					物理气相沉积	溅射	
						蒸发	

续表

一级分支	二级分支	三级分支	四级分支	五级分支	六级分支	七级分支	八级分支
集成电路制造	集成电路互连	铜互连	籽晶层	形成工艺	物理气相沉积	其他	
					电化学沉积		
					无电镀沉积		
					其他		
				退火			
				表面处理			
				其他			
			扩散阻挡层	材料	CoWP		
					含钌		
					含钴		
					含钨		
					含锰		
					含钛	氮化钛	
					含钽	氮化钽	
					含铜		
					介电材料	SiC	
						其他	
					金属/介质复合材料		
					其他	三元材料	

续表

一级分支	二级分支	三级分支	四级分支	五级分支	六级分支	七级分支	八级分支
集成电路制造	集成电路互连	铜互连	扩散阻挡层	形成工艺	化学气相沉积	原子层沉积	
						其他	
					物理气相沉积	溅射	
						其他	
					电化学沉积		
					无电镀沉积		
					其他	选择性沉积	
				平坦化	化学机械研磨	研磨液	
						研磨设备	
						其他	
					电化学抛光	抛光液	
						其他	
					蚀刻	干法	
						湿法	
				退火			
				表面处理			
				清洗			
				其他			
			盖帽层	材料	CoWP		
					材料		
					含钴		

续表

一级分支	二级分支	三级分支	四级分支	五级分支	六级分支	七级分支	八级分支
集成电路制造	集成电路互连	铜互连	盖帽层	材料	含钨		
					含铝		
					含钛		
					含钽		
					含铜		
					介电材料	SiNC	
						SiC	
						SiN	
						SiO_2	
						其他	
					其他	三元材料	
				形成工艺	化学气相沉积	原子层沉积	
						其他	
					物理气相沉积	溅射	
						其他	
					电化学沉积		
					无电镀沉积		
					其他	选择性沉积	
				平坦化	化学机械研磨	研磨液	
						研磨设备	
						其他	

续表

一级分支	二级分支	三级分支	四级分支	五级分支	六级分支	七级分支	八级分支
集成电路制造	集成电路互连	铜互连	盖帽层	平坦化	电化学抛光	抛光液	
						其他	
					蚀刻	干法	
						湿法	
				退火			
				表面处理			
				清洗			
				其他			
			粘结层	材料	金属	含钌	
						含钛	
						含铜	
						其他	
					介电材料		
					其他		
				形成工艺	化学气相沉积		
					物理气相沉积		
					其他		
				表面处理			
				其他			

续表

一级分支	二级分支	三级分支	四级分支	五级分支	六级分支	七级分支	八级分支
集成电路制造	集成电路互连	铜互连	层间介质层	材料	多孔材料		
					低 k 材料	氢掺杂氧化硅	
						碳掺杂氧化硅	
						有机分子团掺杂氧化硅	
						有机聚合物	
						其他	
					氧化硅		
					其他		
				形成工艺	化学气相沉积		
					物理气相沉积		
					旋涂		
					其他		
				平坦化	化学机械研磨	研磨液	
						研磨设备	
						其他	
					电化学抛光	抛光液	
						其他	
					蚀刻	干法	
						湿法	
				后处理修复介电常数			
				后处理去残留物			

续表

一级分支	二级分支	三级分支	四级分支	五级分支	六级分支	七级分支	八级分支
集成电路制造	集成电路互连	铜互连	层间介质层	其他表面处理			
				掺杂			
				其他			
			刻蚀停止层	材料	NDC		
					SiNC		
					SiC		
					SiN		
					SiO_2		
					金属		
					其他		
				形成工艺	化学气相沉积		
					物理气相沉积		
					旋涂		
					其他		
				表面处理			
				其他			
			孔/沟槽	形状	锥形		
					圆形		
					其他异型		
					直角型		

续表

一级分支	二级分支	三级分支	四级分支	五级分支	六级分支	七级分支	八级分支
集成电路制造	集成电路互连	铜互连	孔/沟槽	形成工艺	压印	单大马士革	
						双大马士革	
					牺牲层	单大马士革	
						双大马士革	
					常规光刻	单大马士革	
						双大马士革	
					其他		
				清洗			
				其他			
			空气隙				
			缓冲层	材料	氧化物		
					氮化物		
					其他		
				形成工艺	化学气相沉积		
					物理气相沉积		
					其他		
				其他			
			研磨停止层	材料	氮化物		
					氧化物		
					其他		

续表

一级分支	二级分支	三级分支	四级分支	五级分支	六级分支	七级分支	八级分支
集成电路制造	集成电路互连	铜互连	研磨停止层	形成工艺	化学气相沉积		
					物理气相沉积		
					其他		
				其他			
			硬掩模层	材料	金属硬掩模层		
					介电材料	SiC	
						其他	
					金属/介质复合材料		
					其他		
				形成工艺	化学气相沉积		
					物理气相沉积		
					其他		
				平坦化	化学机械研磨		
					刻蚀		
				其他			
			抗反射层	材料			
				形成工艺			
				其他			
			其他				

附表 3　集成电路封装技术分解表

一级分支	二级分支	三级分支	四级分支	五级分支	六级分支	七级分支	八级分支
集成电路封装	单芯片封装	芯片键合	正装	金属焊接			
				导电胶粘接法			
				非导电胶粘接			
			倒装	FCB 工艺	热压 FCB 法		
					再流 FCB 法		
					环氧树脂光固化 FCB 法、机械接触法		
					各向异性导电胶粘接 FCB 法（ACA-FCB）		
				倒装焊接后的芯片下填充	填充材料		
					填充方法		
				倒装焊接设备			
		引脚互连	引线键合（Wire Bonding，WB）	热压焊			
				超声焊（超声键合）			
				热（压）（超）声焊	金线		
					铜线		
					铝线		
					银合金		

续表

一级分支	二级分支	三级分支	四级分支	五级分支	六级分支	七级分支	八级分支
集成电路封装	单芯片封装	引脚互连	载带自动焊（TAB）	芯片凸点的制作技术	蘑菇状凸点		
					柱状凸点		
				TAB 载带的制作技术	Cu 箔单层带		
					Cu-PI 双层带		
					Cu-粘接剂-PI 三层带		
					Cu-PI-Cu 双金属带		
				TAB 的焊接技术	载带内引线与芯片凸点之间的内引线焊接		
					载带外引线与外壳或基板焊区之间的外引线焊接		
					内引线焊接后的芯片焊点保护		
					TAB 的筛选与测试接		
					TAB 引线焊接设备，例如 TAB 引线焊接机		
			凸点/凸块	以凸点材料为特征			
				以凸点结构和形状为特征	固态工艺凸点/Cu 球凸点		
					可控塌陷芯片连接（controlled collapse chip connection，C4）		

续表

一级分支	二级分支	三级分支	四级分支	五级分支	六级分支	七级分支	八级分支
集成电路封装	单芯片封装	引脚互连	凸点/凸块	凸点制作工艺	蒸发/溅射法		
					电镀法		
					化学镀法		
					打球法		
					置球/模板印制法		
					激光凸点法		
					移置凸点法		
					柔性凸点法		
					叠层法		
					喷射法		
			埋置芯片互连技术－后布线技术	开槽埋置法			
				基板上介质埋置法			
		封装形式	插装型	晶体管封装（TO）			
				单列直插式封装（SIP）			
				双列直插式封装（DIP）	陶瓷全密封型 CDIP		
					塑封型 PDIP		
				针栅阵列封装（PGA）			

续表

一级分支	二级分支	三级分支	四级分支	五级分支	六级分支	七级分支	八级分支
集成电路封装	单芯片封装	封装形式	表面安装型	小外形晶体管封装（SOT）			
				小外形塑料封装（SOP）			
				小外形 J 引脚封装（SOJ）			
				四边引脚扁平封装（QFP）			
				塑封无引脚芯片载体（PLCC/QFN）			
				陶瓷无引脚芯片载体（LCCC）			
				球栅阵列封装（BGA）	封装结构	塑封 PBGA	
						陶瓷 CBGA	
						陶瓷焊柱阵列 CCGA	
						载带 TBGA	
						金属 MBGA	
						倒装芯片 FCBGA	
						带散热器 EBGA	
					焊球	焊球结构、制作方法	
						焊球材质	

续表

一级分支	二级分支	三级分支	四级分支	五级分支	六级分支	七级分支	八级分支
集成电路封装	单芯片封装	封装形式	表面安装型	球栅阵列封装（BGA）	载板	引线框	
						无基板	
						基板	凹槽式
							窗口式
							布线
							集成其他部件
							柔性
					互连	焊球与载板之间	焊球分布
							互连结构
							焊球的电信号设置
						载板与芯片之间	
					内部芯片结构		
					密封	材料	
						结构、方法	
				芯片尺寸封装（CSP）	柔性基板封装 CSP		
					刚性基板 CSP		
					引线框架式 CSP		
					焊区阵列		
					微小模塑型		
					圆片级 WLCSP	凸点	
						布线层	

续表

一级分支	二级分支	三级分支	四级分支	五级分支	六级分支	七级分支	八级分支
集成电路封装	单芯片封装	封装形式	表面安装型	芯片尺寸封装（CSP）	圆片级 WLCSP	导通孔	
						介质层	
						密封层/保护层	
						检测	
						芯片本体	
						其他结构	盖板
							背板
							基座
							下填充层
							盖板与芯片间的支撑结构
						制作过程	MEMS
							光电器件
							其他器件
		封装结构	气密性封装	金属外壳封接型			
				陶瓷外壳封接型			
				金属陶瓷封接型			
				玻璃封接型			
			非气密性封装	树脂封装			
			电磁屏蔽				
	多芯片封装	二维封装	器件排列和布局				
			以布线为特征				
			电磁屏蔽				

续表

一级分支	二级分支	三级分支	四级分支	五级分支	六级分支	七级分支	八级分支
集成电路封装	多芯片封装	三维封装技术	结构类型	层叠型	裸片堆叠	导带互连	
						引线键合	
						硅通孔互连	
						焊球阵列	
						柔性电路的折叠互连	
					封装内的堆叠（PIP）	填充料	
						导电胶	
						再流焊	
						焊球阵列	
						其他	
					封装间的堆叠（POP）	填充料	
						导电胶	
						再流焊	
						焊球阵列	
						其他	
					基板表面布线		
					多层布线介质		
				埋置型			
				有源基板型			
			电磁屏蔽				

续表

一级分支	二级分支	三级分支	四级分支	五级分支	六级分支	七级分支	八级分支
集成电路封装	封装基板	材料	有机基板	硬性			
				软性			
				复合			
			无机基板	金属			
				陶瓷			
				玻璃			
				金刚石			
				硅			
			复合基板				
		结构	多层基板	多层印刷基板			
				多层厚膜基板			
				多层薄膜基板			
				厚薄膜混合基板			
			单层基板	引线框架			
				单面布线			
				双面布线			
	散热	材料	衬底材料				
			封装材料				
		结构	热沉				
			强风冷或液冷				
			微管导热				

续表

一级分支	二级分支	三级分支	四级分支	五级分支	六级分支	七级分支	八级分支
集成电路封装	封装测试	电学性能	CP 测试				
			FT 测试				
		可靠性测试	芯片粘结测试				
			压焊强度测试				
			渗漏测试				
			老化测试				
			剥离测试				
		测试设备					